Animales del mundo

Para colorear Libro

Coloring Pages for Kids

Coloring Pages for Kids
An imprint of Ciparum LLC

Animales del mundo para colorear Libro
© 2017 Ciparum LLC
All rights reserved.
ISBN-10:1-63589-391-7
ISBN-13:978-1-63589-391-5

Coloring Pages for Kids

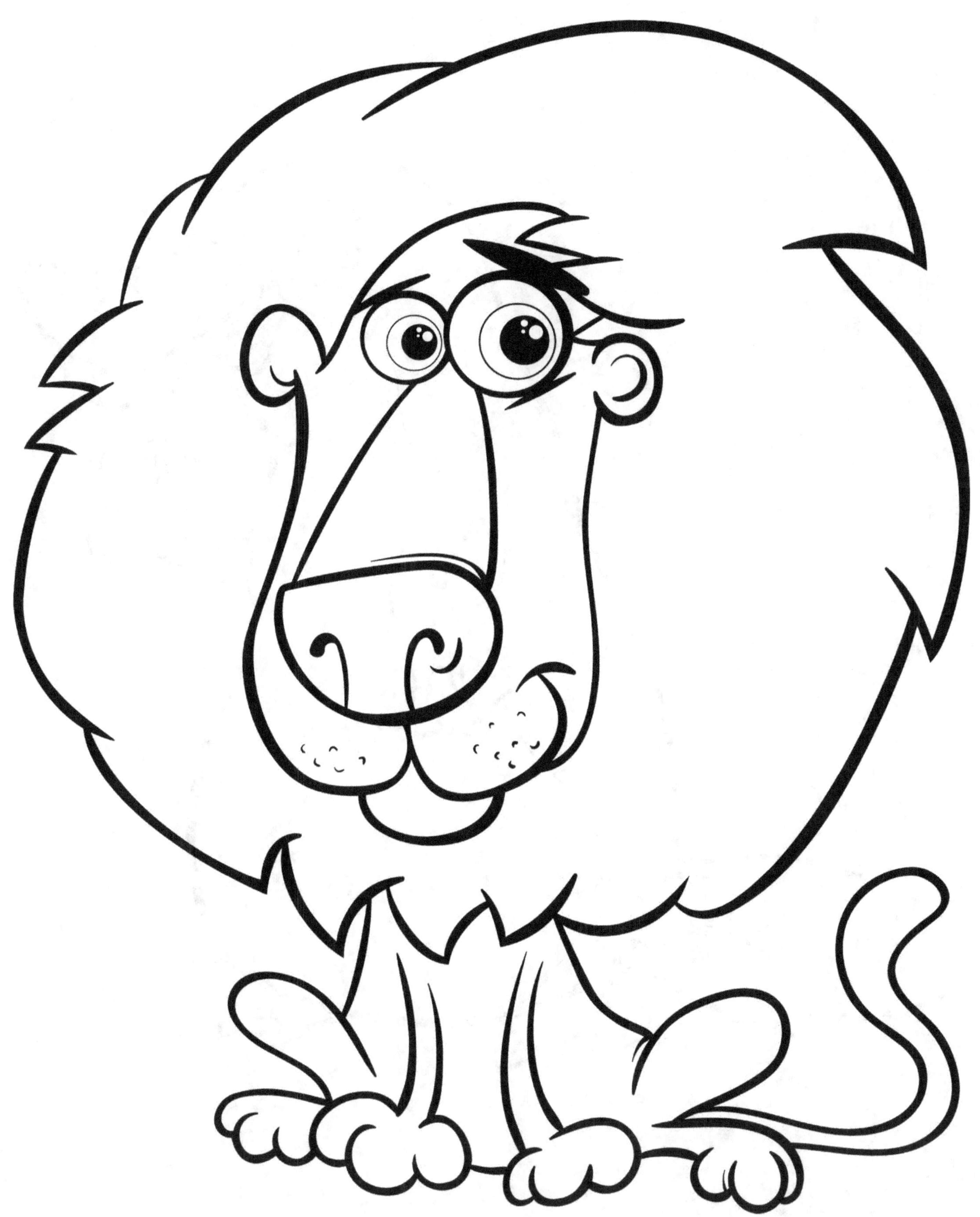

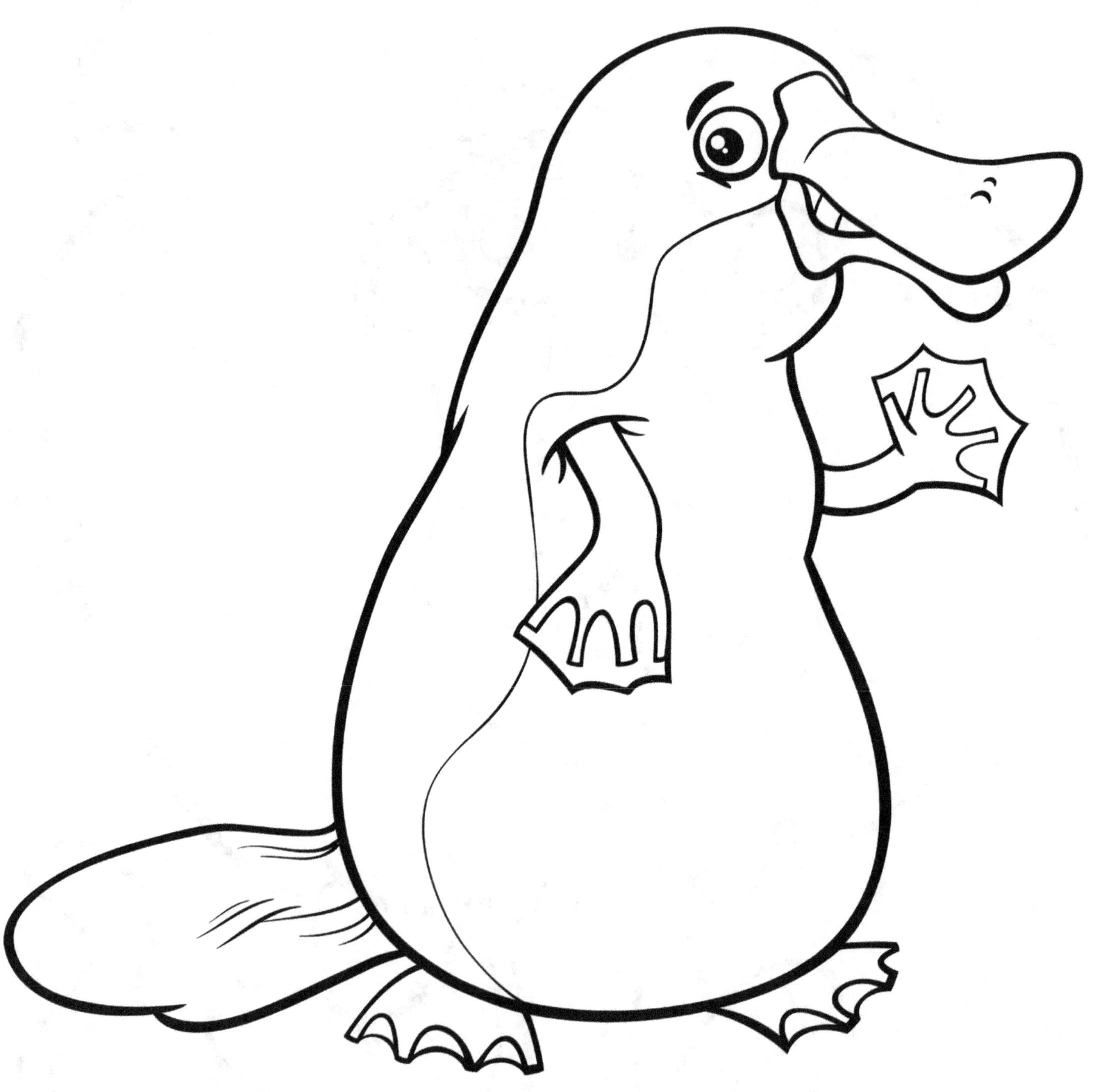

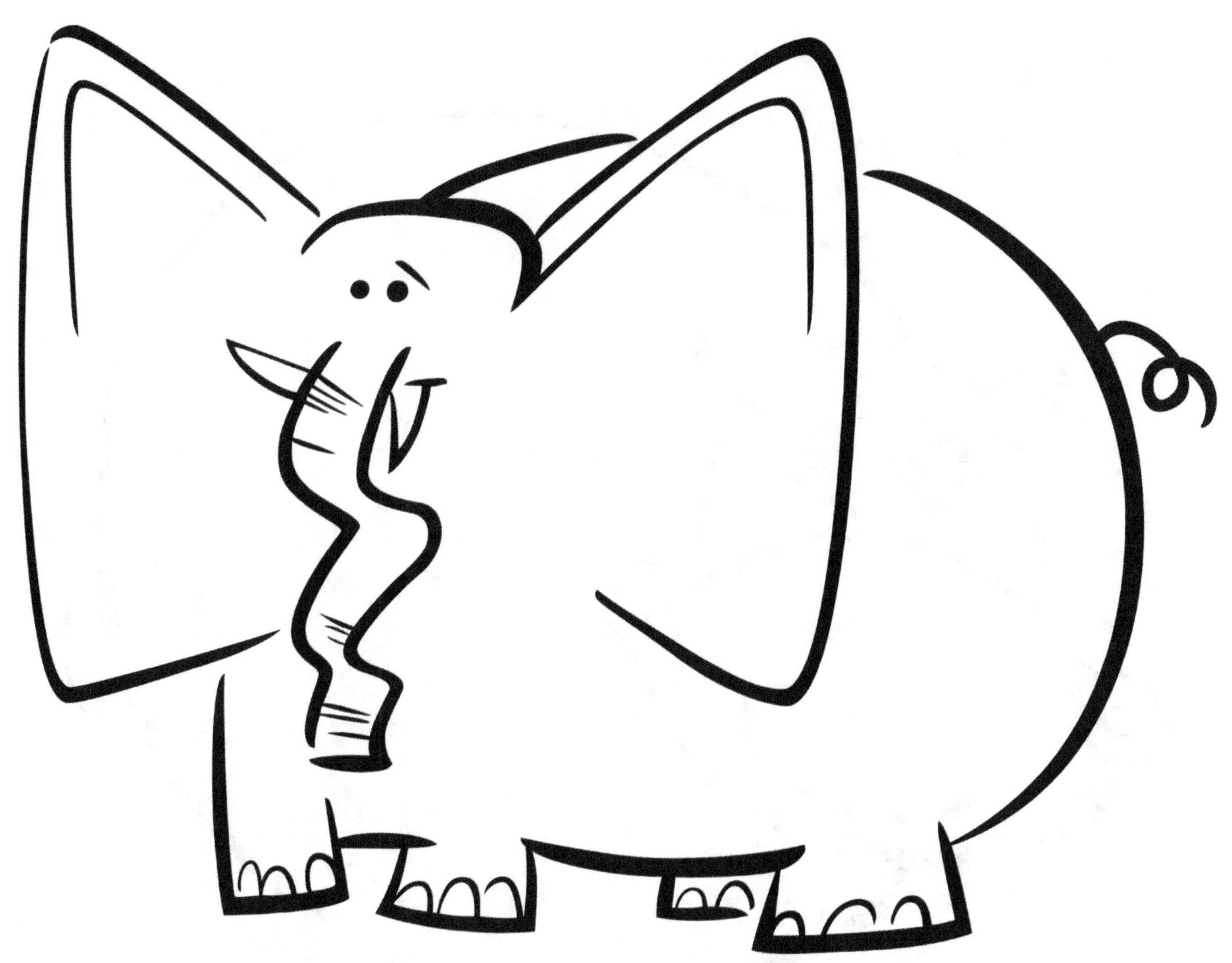

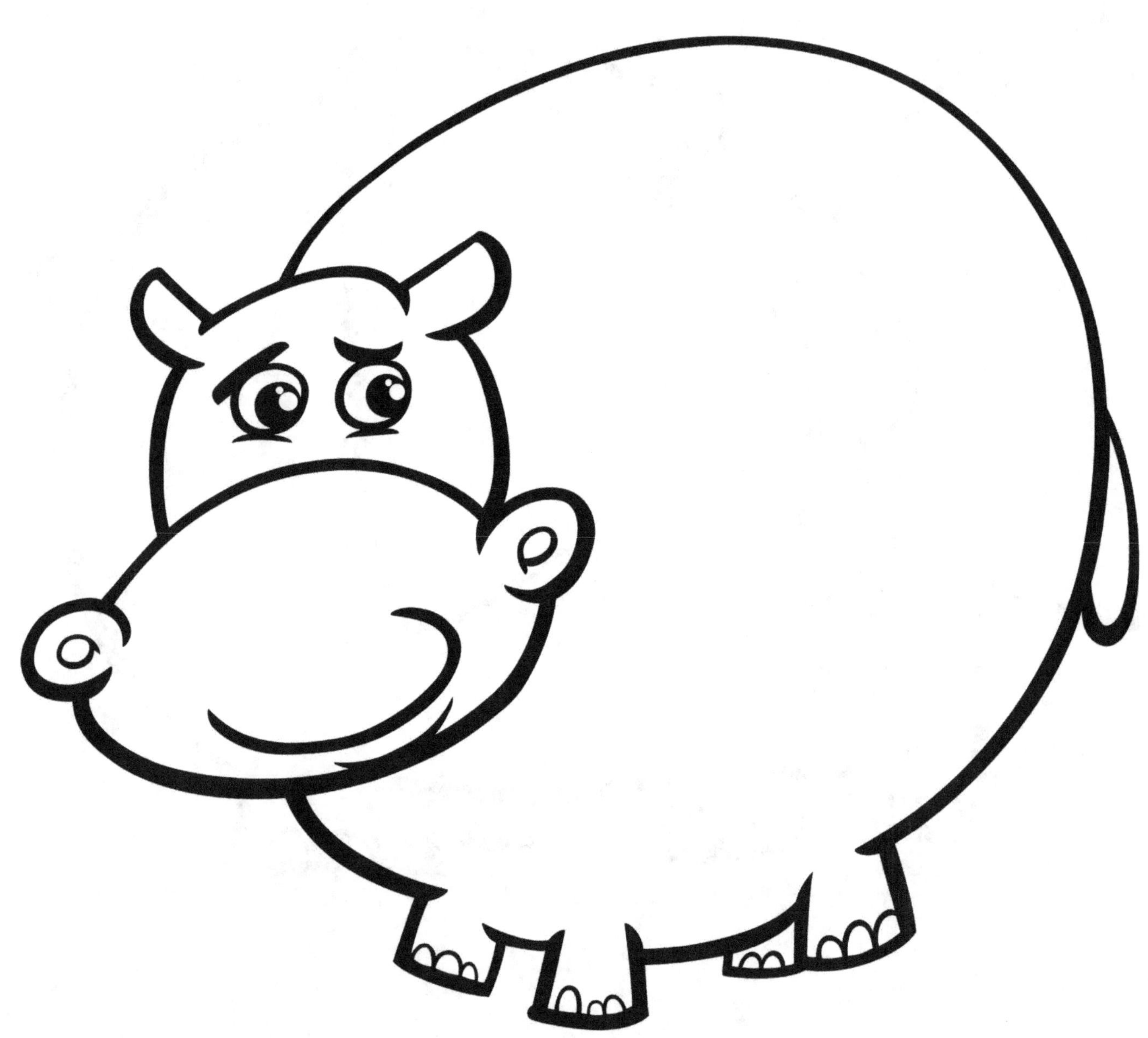

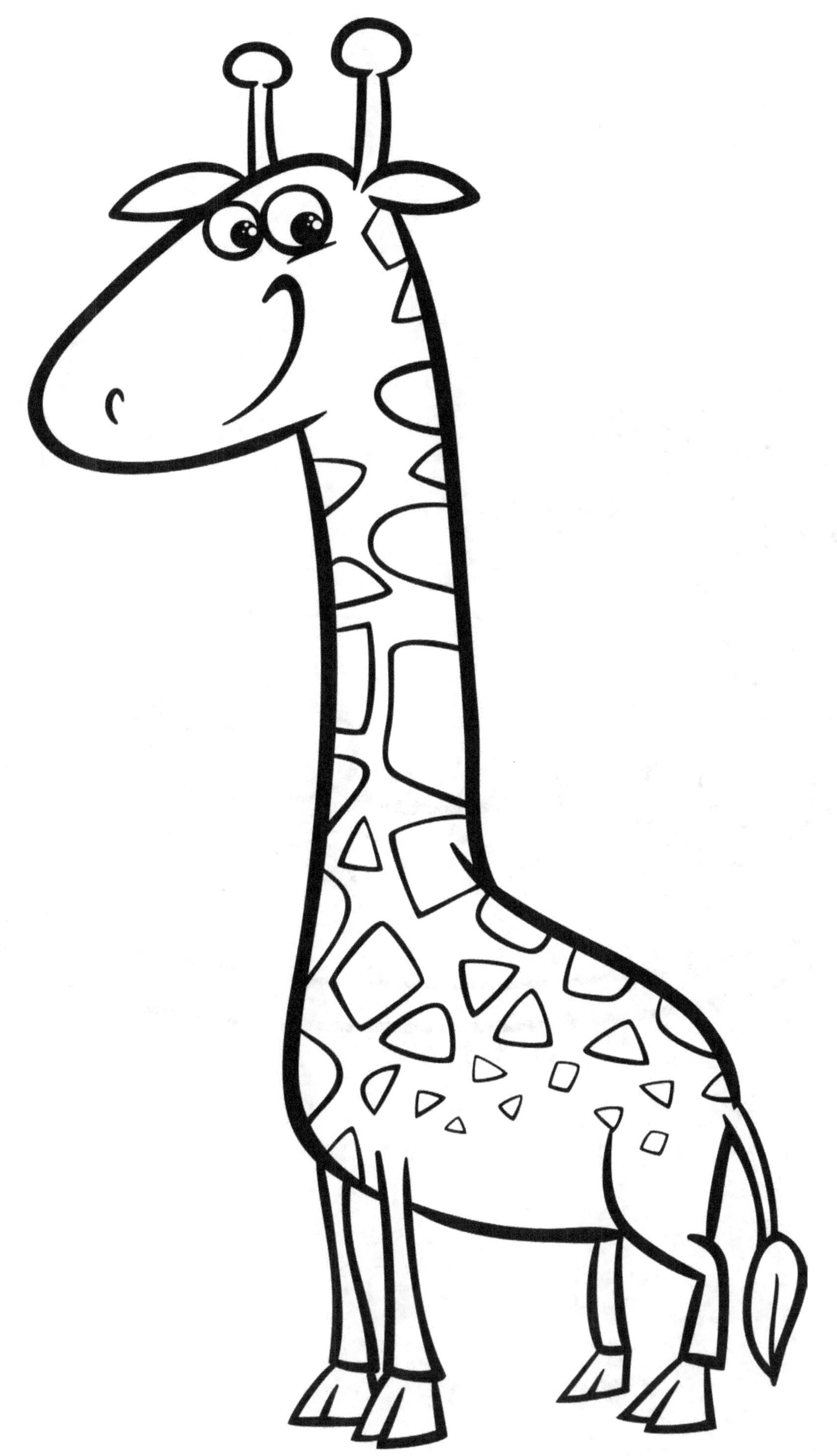

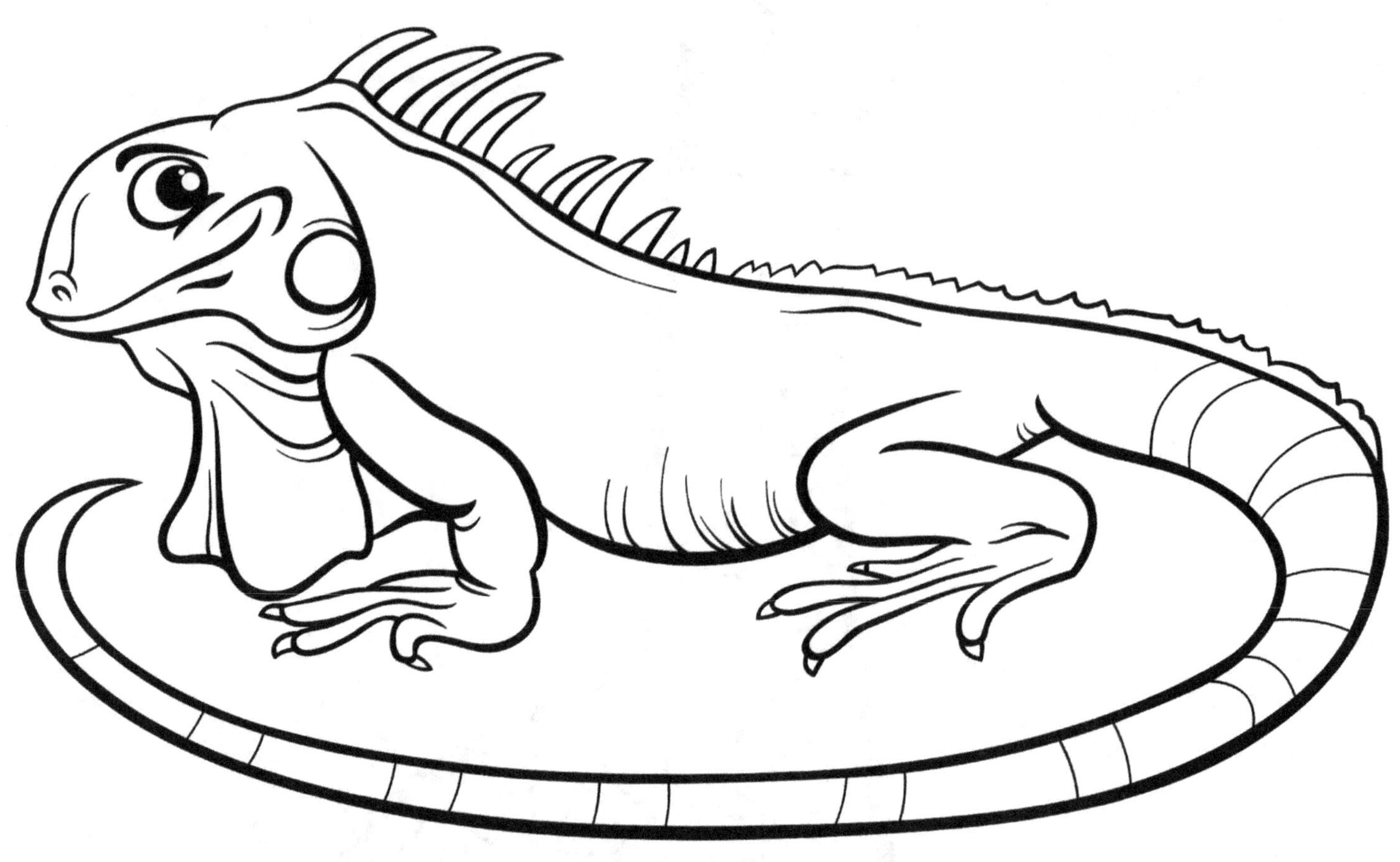

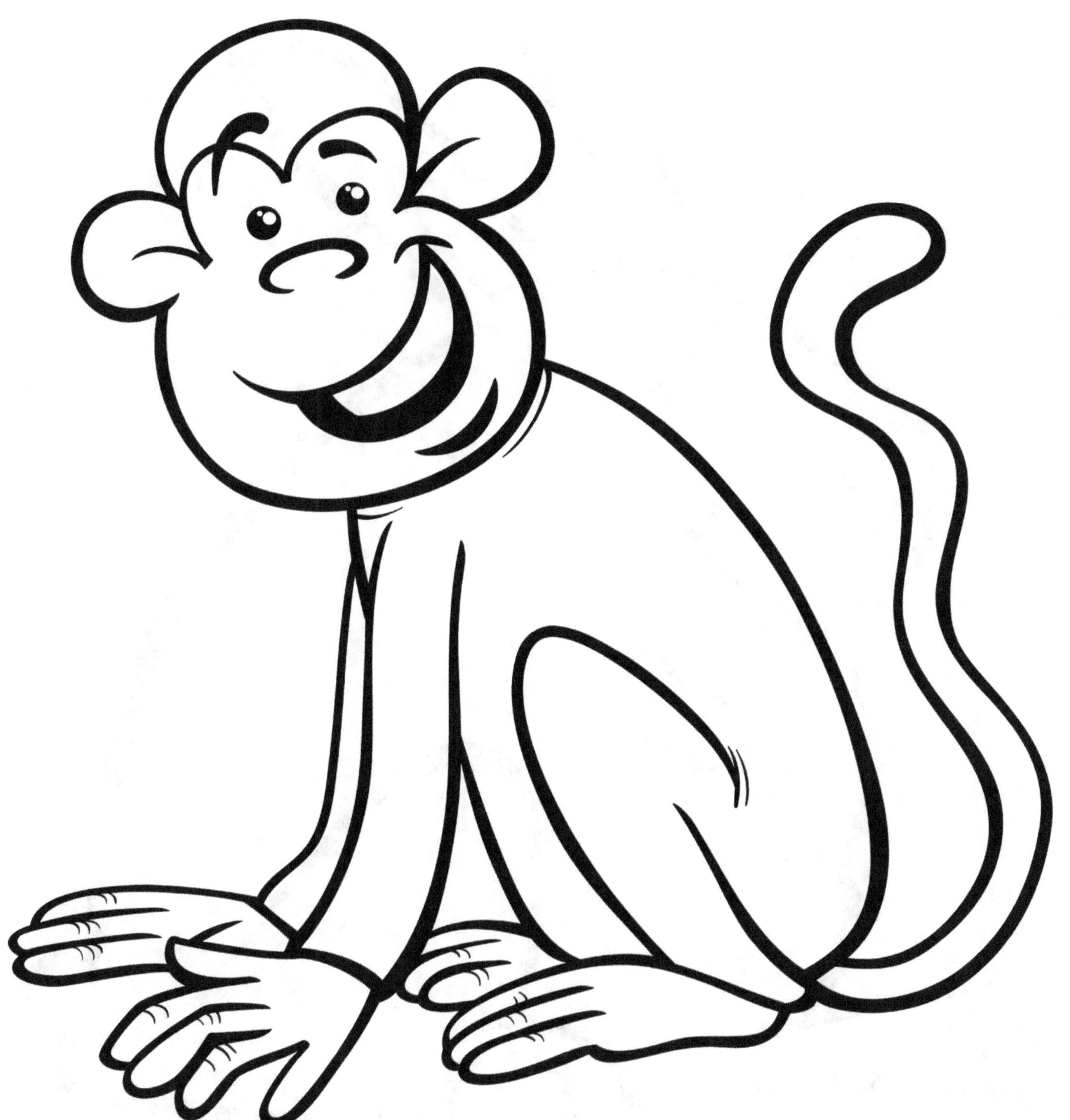

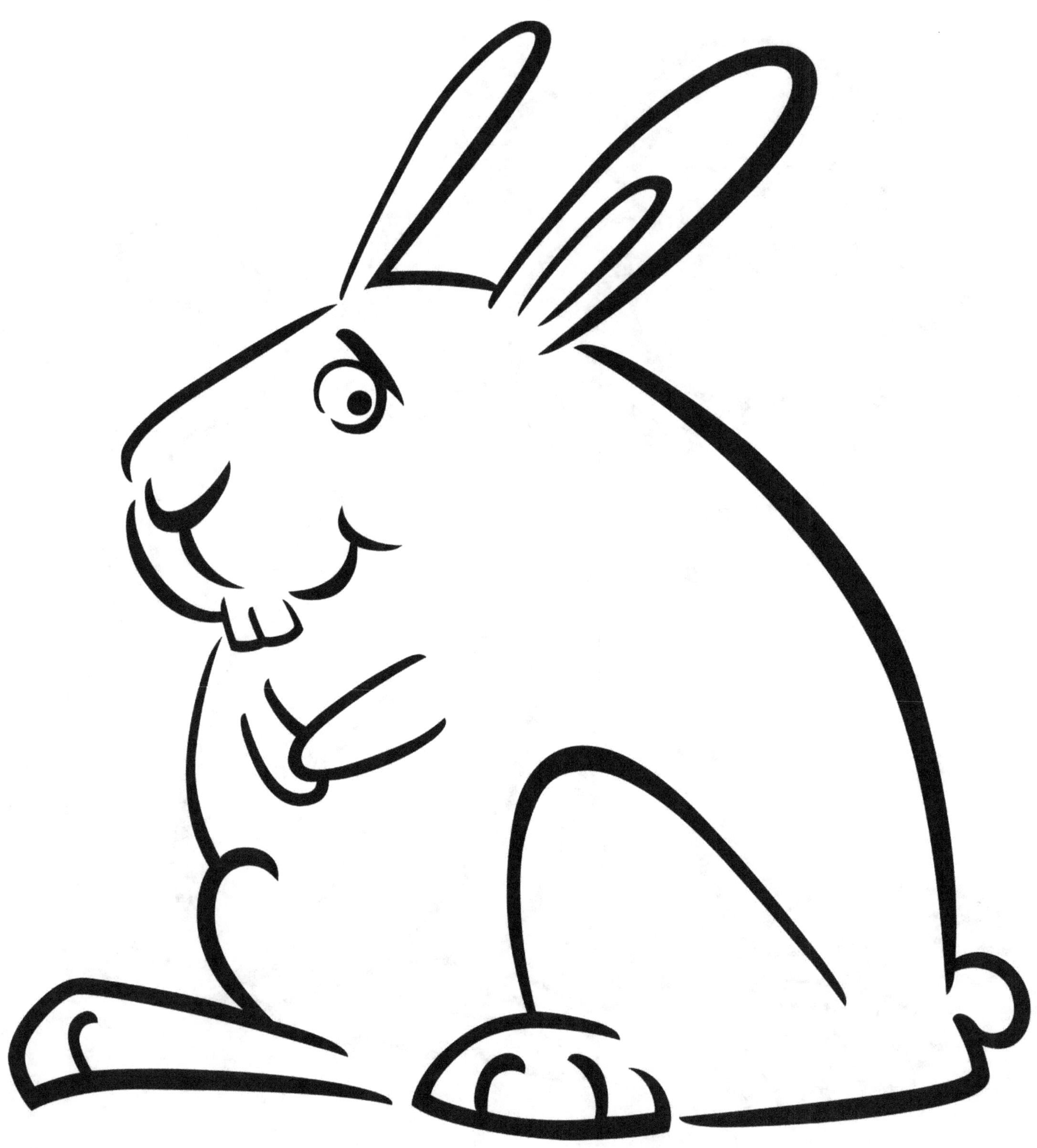

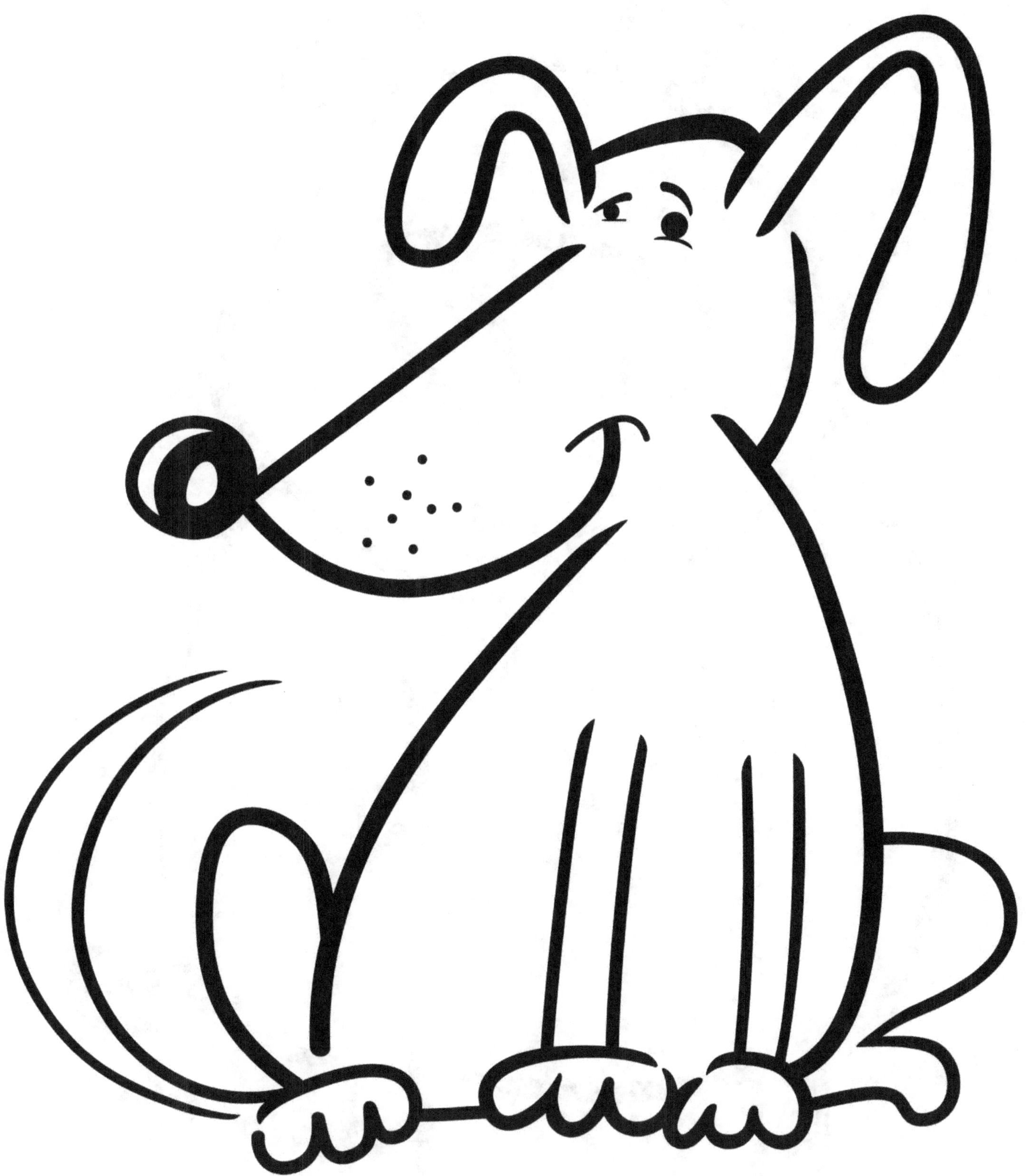

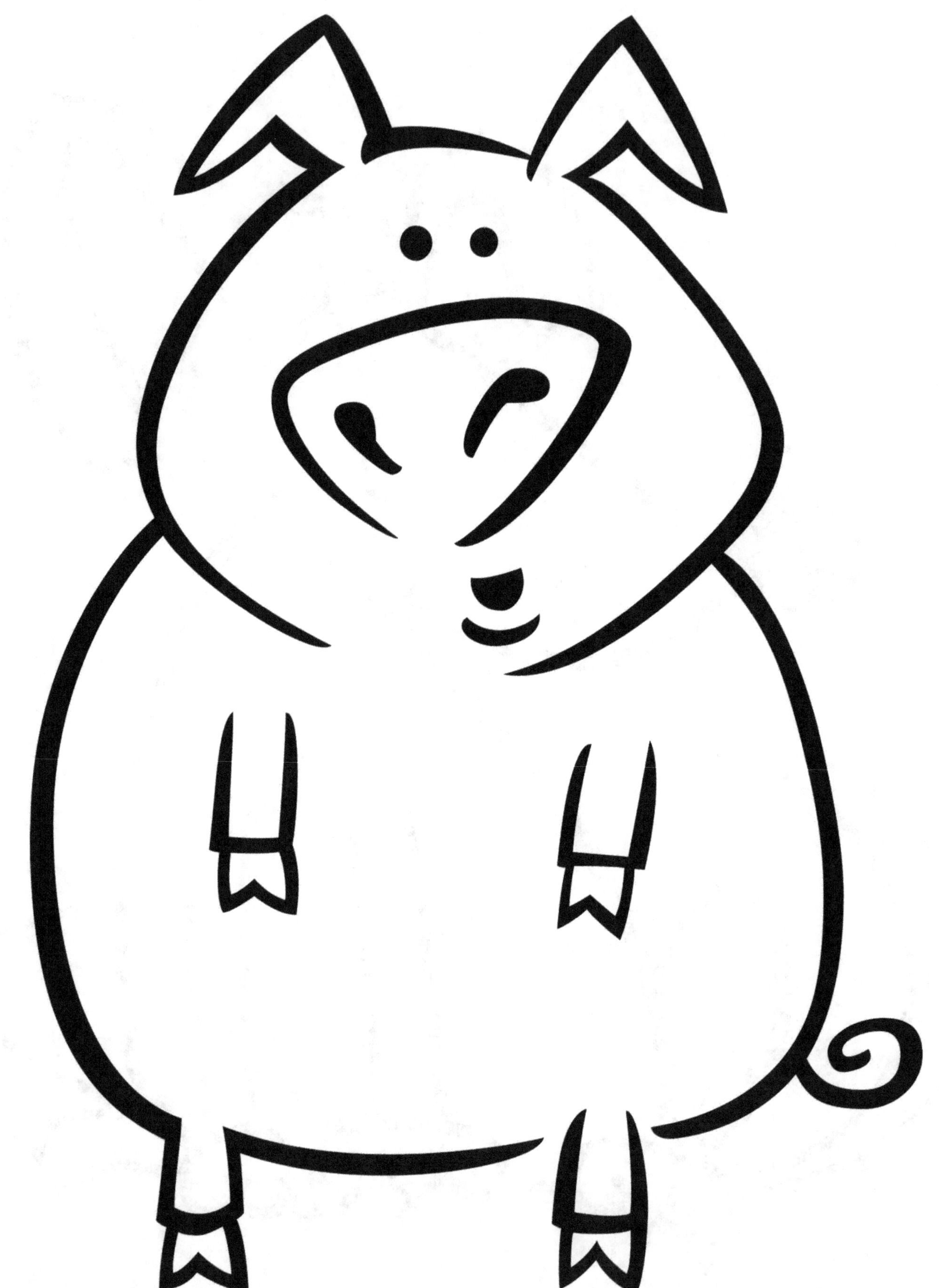

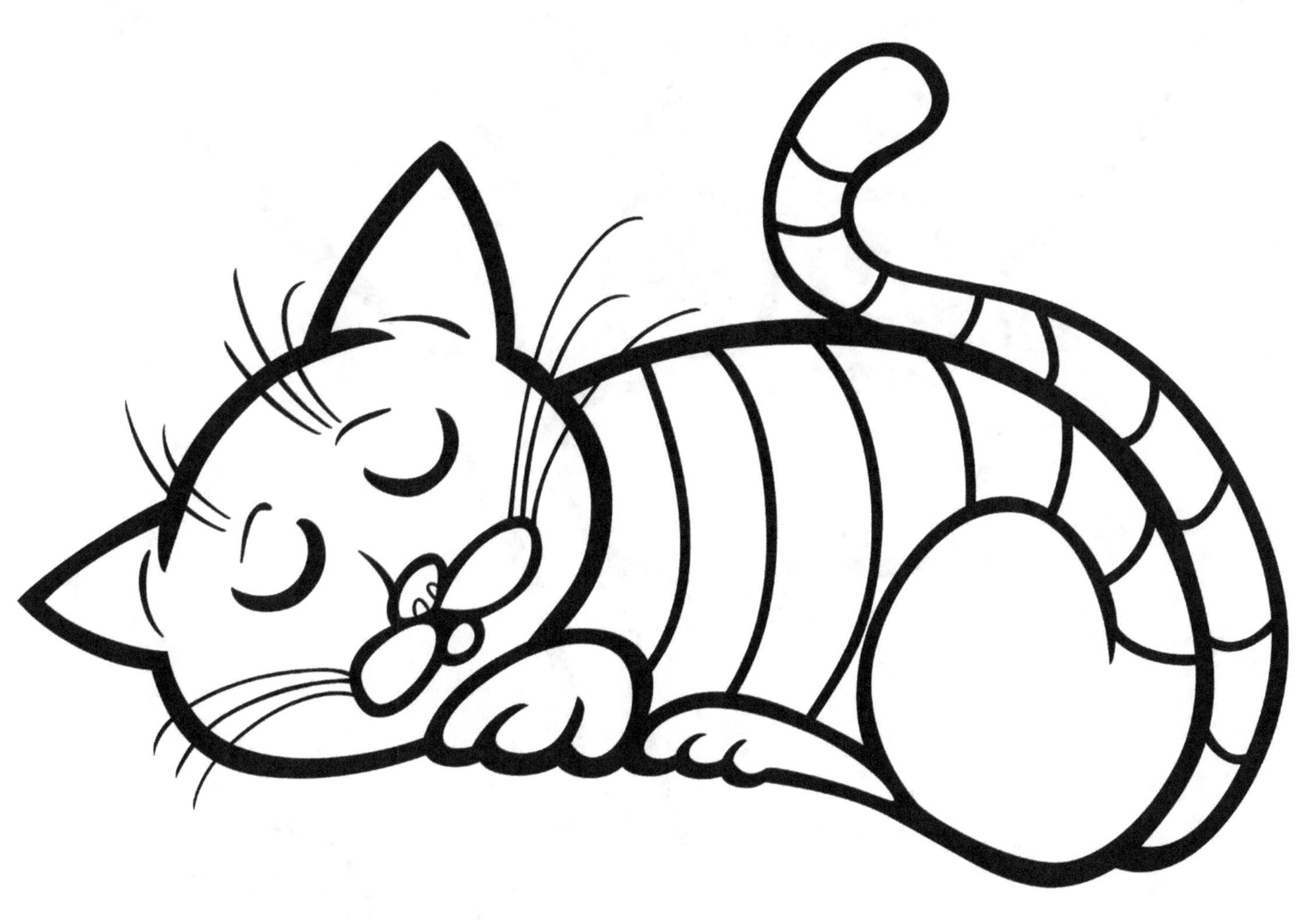

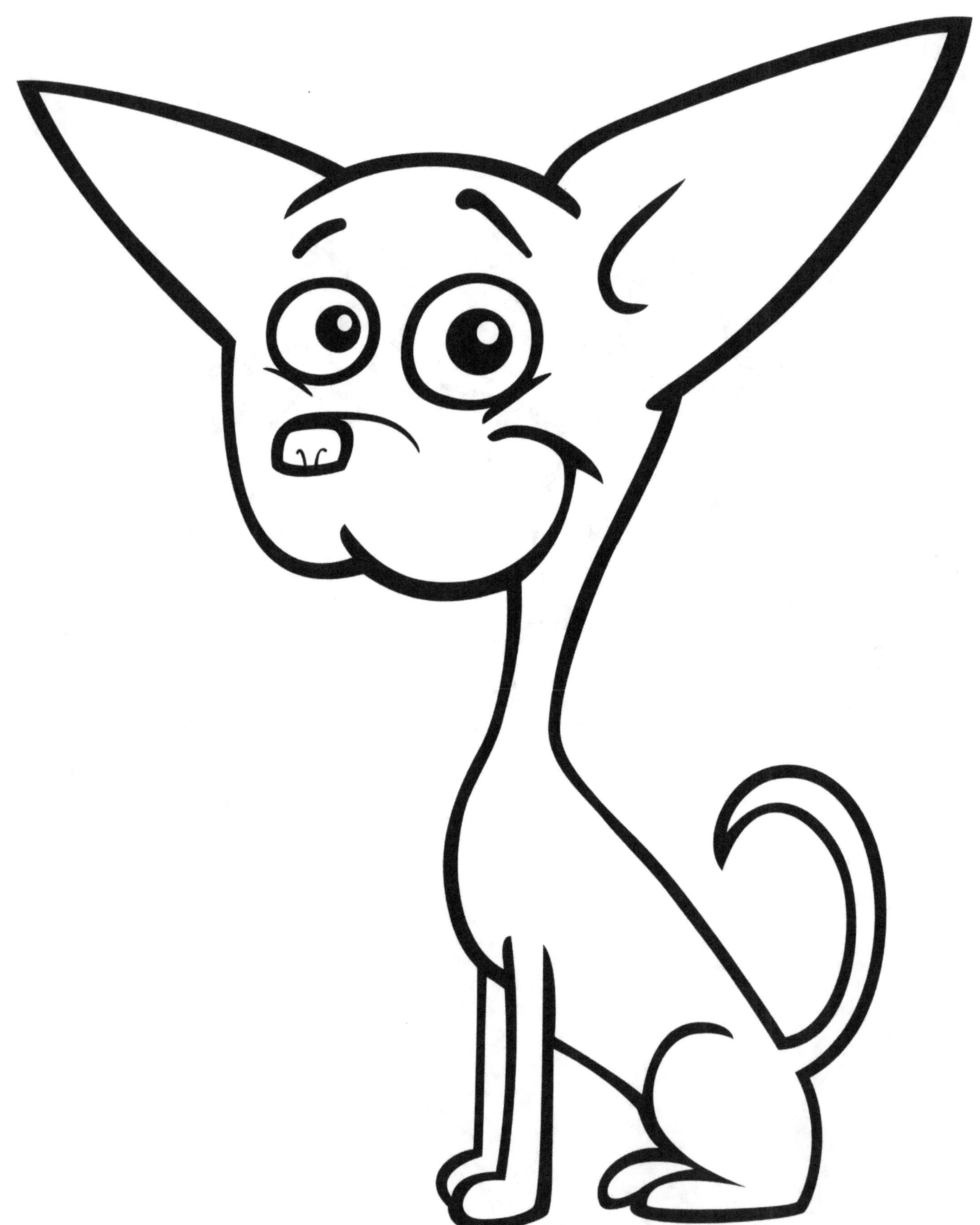

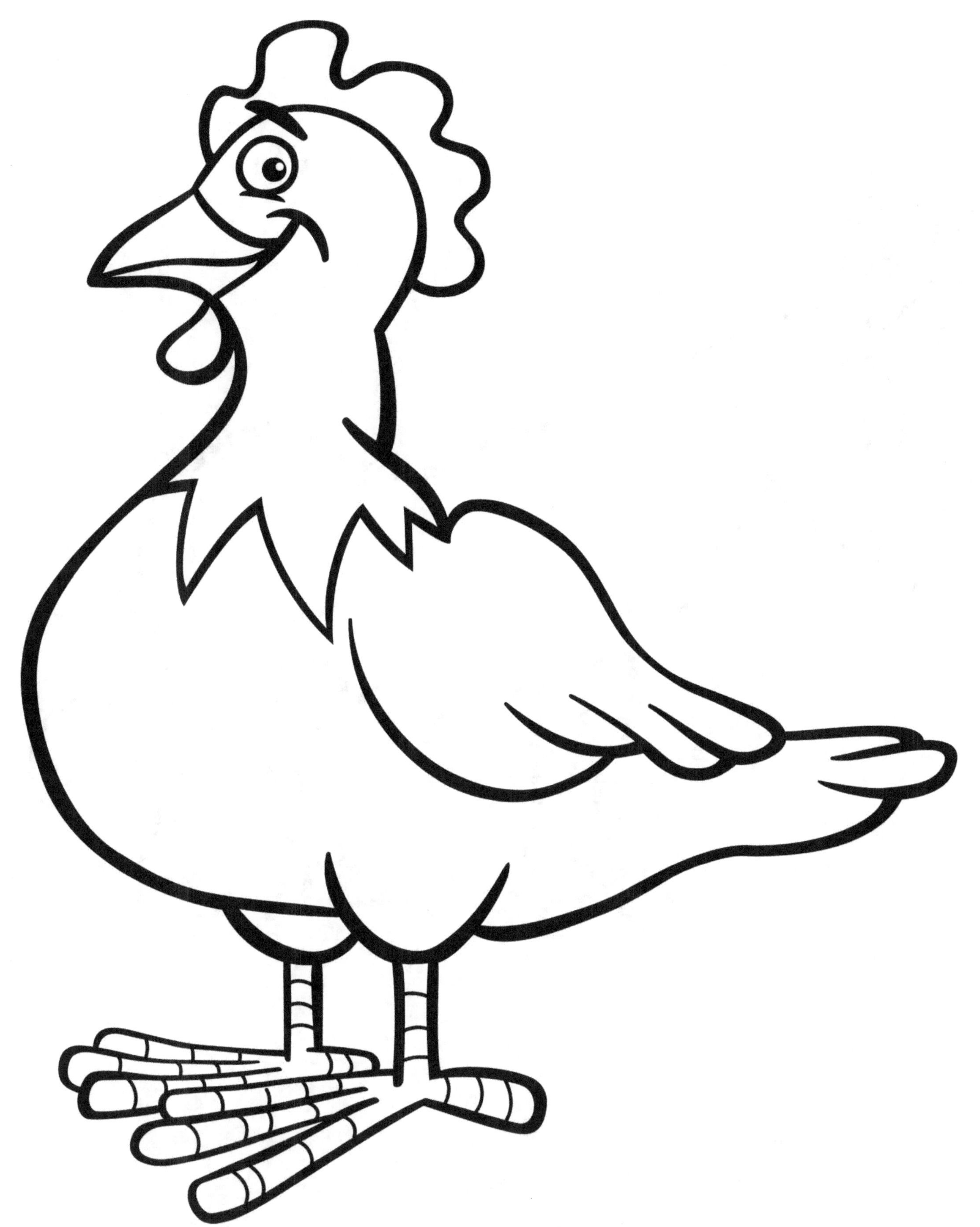

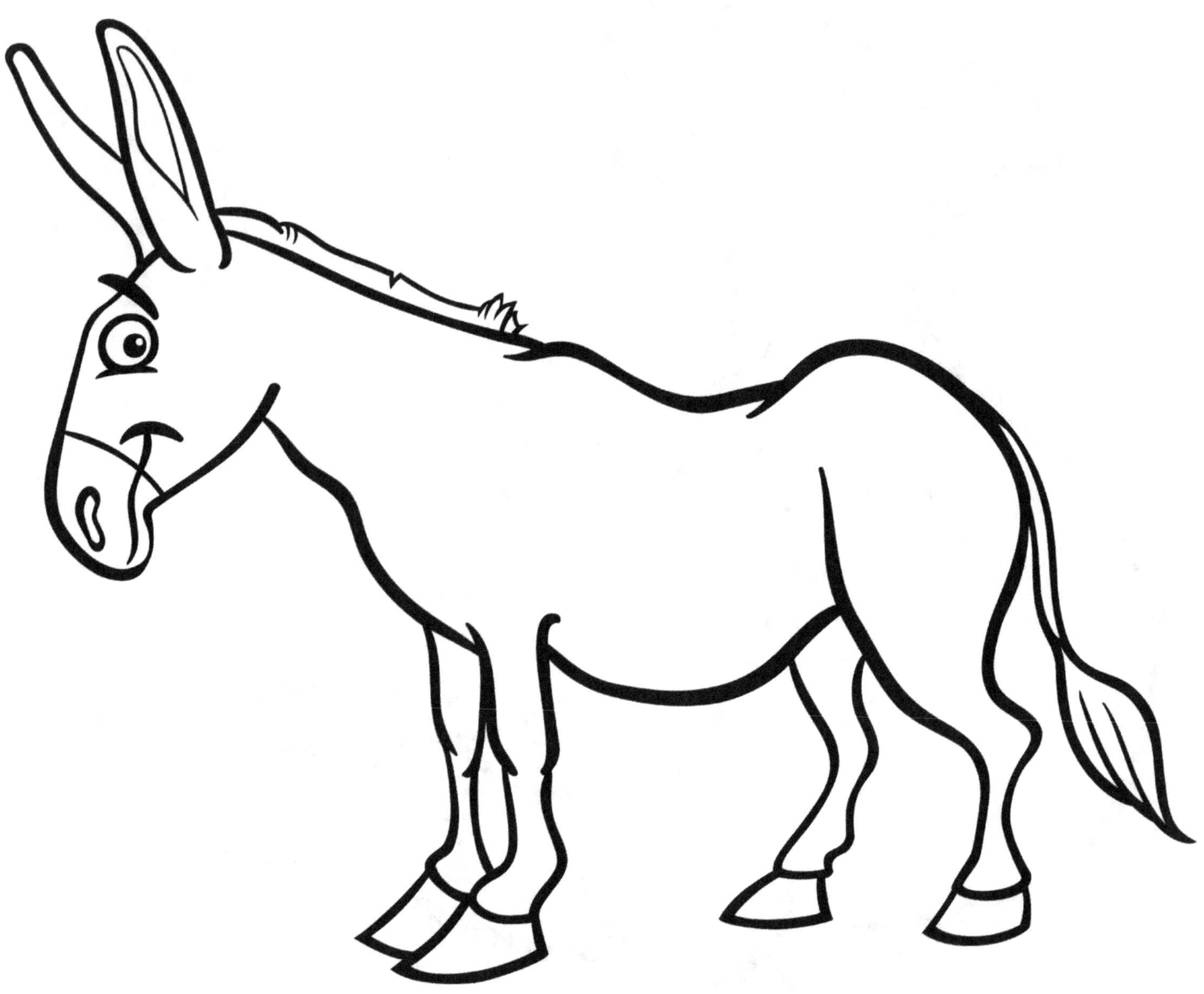

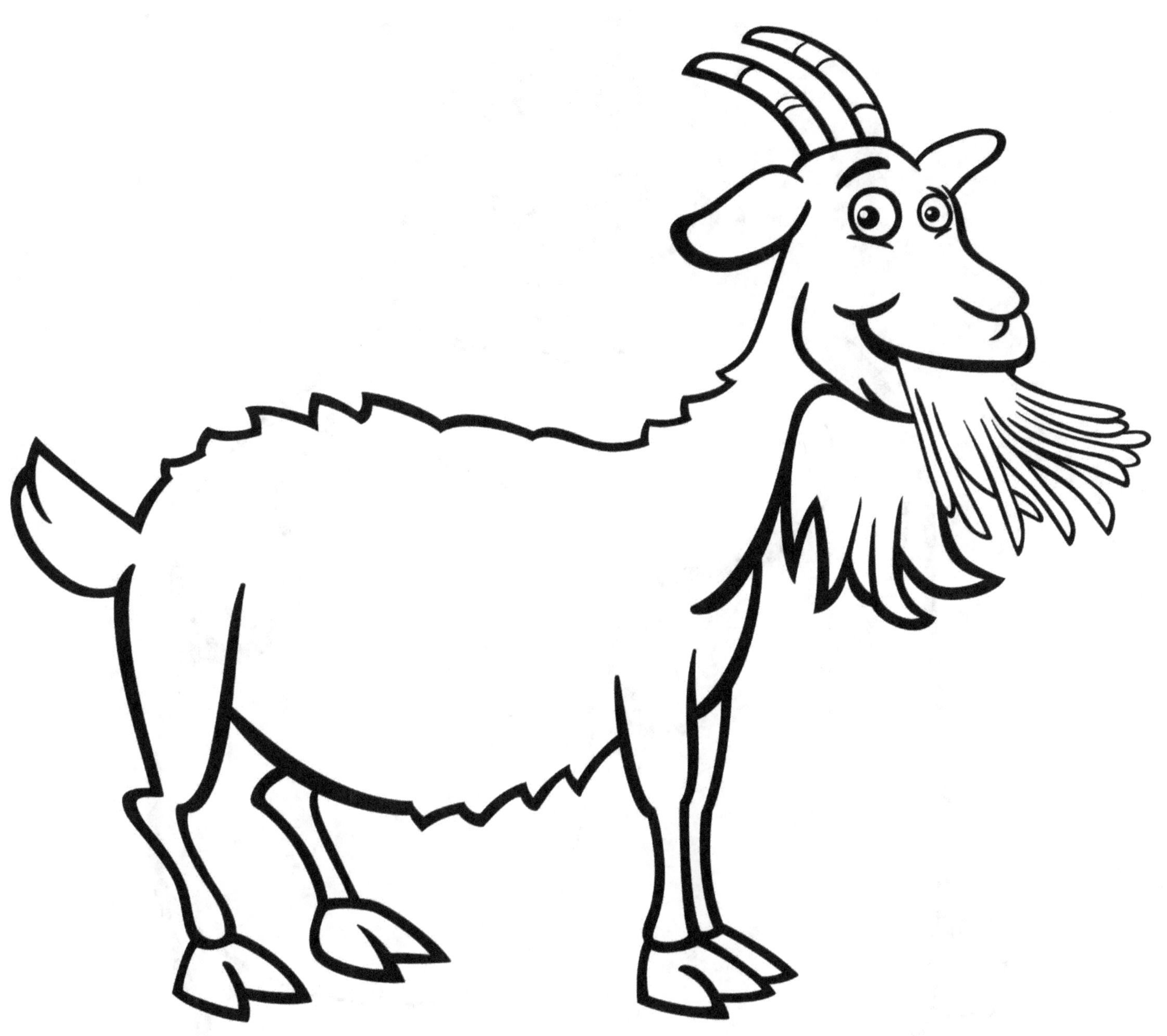

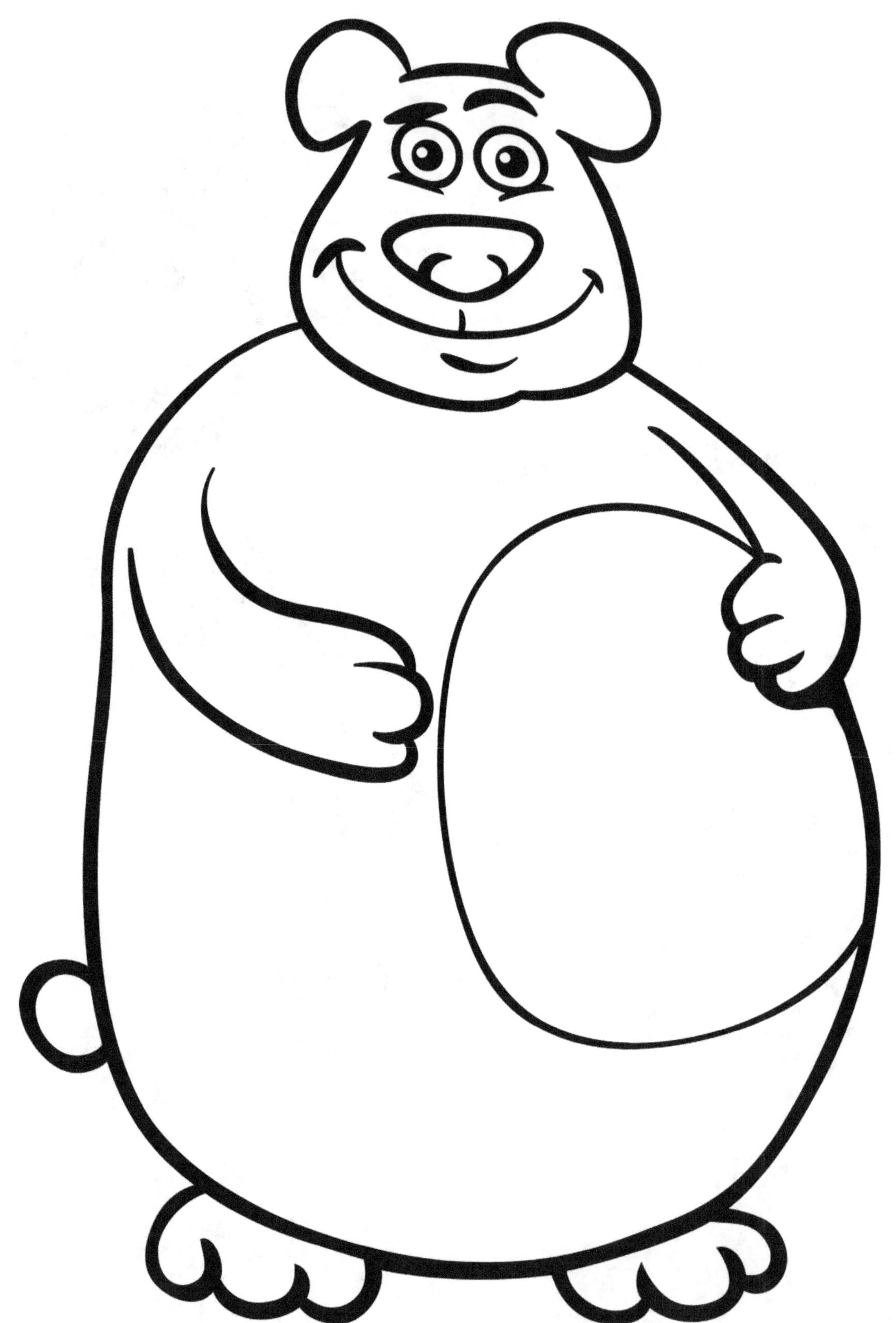

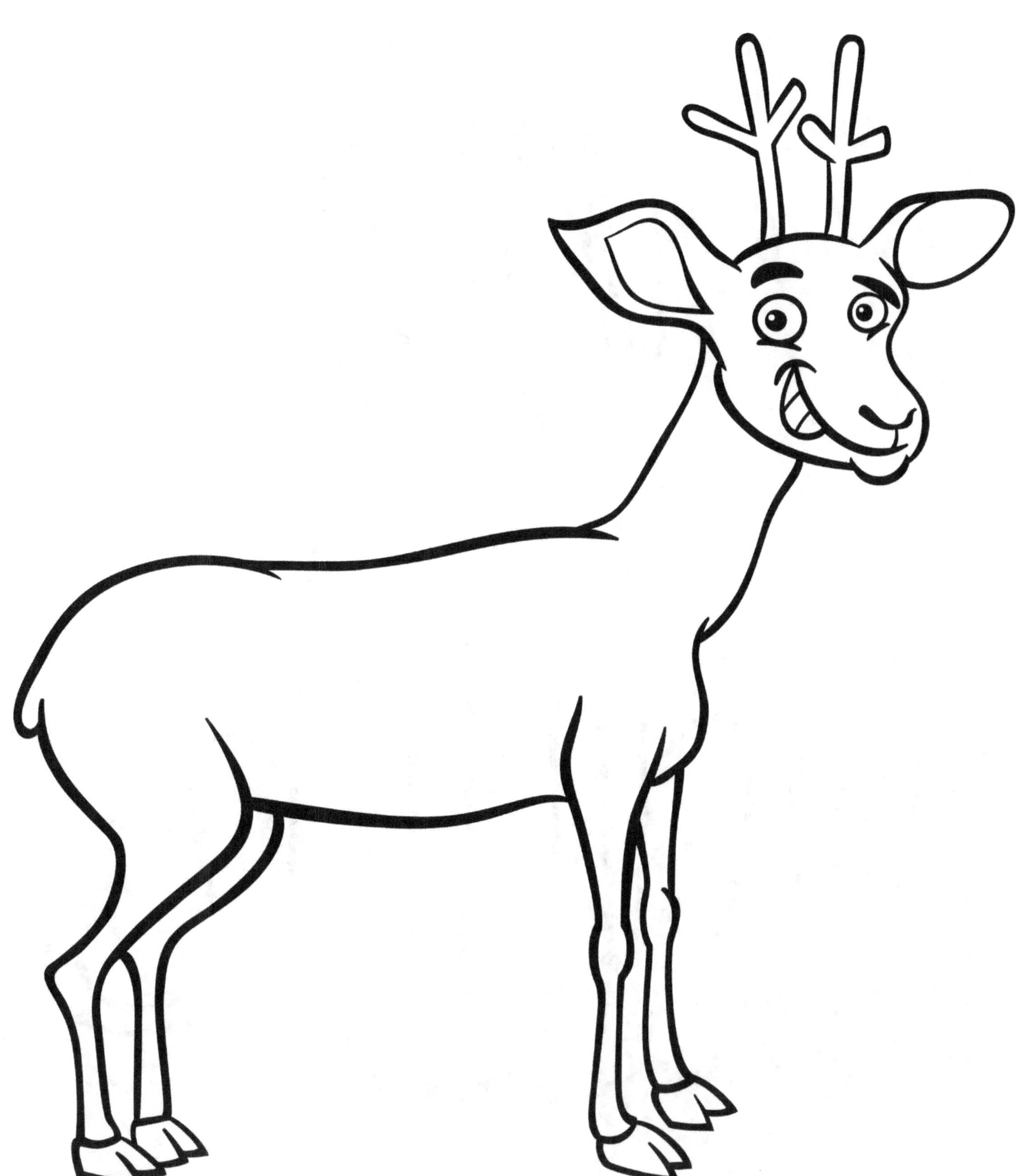

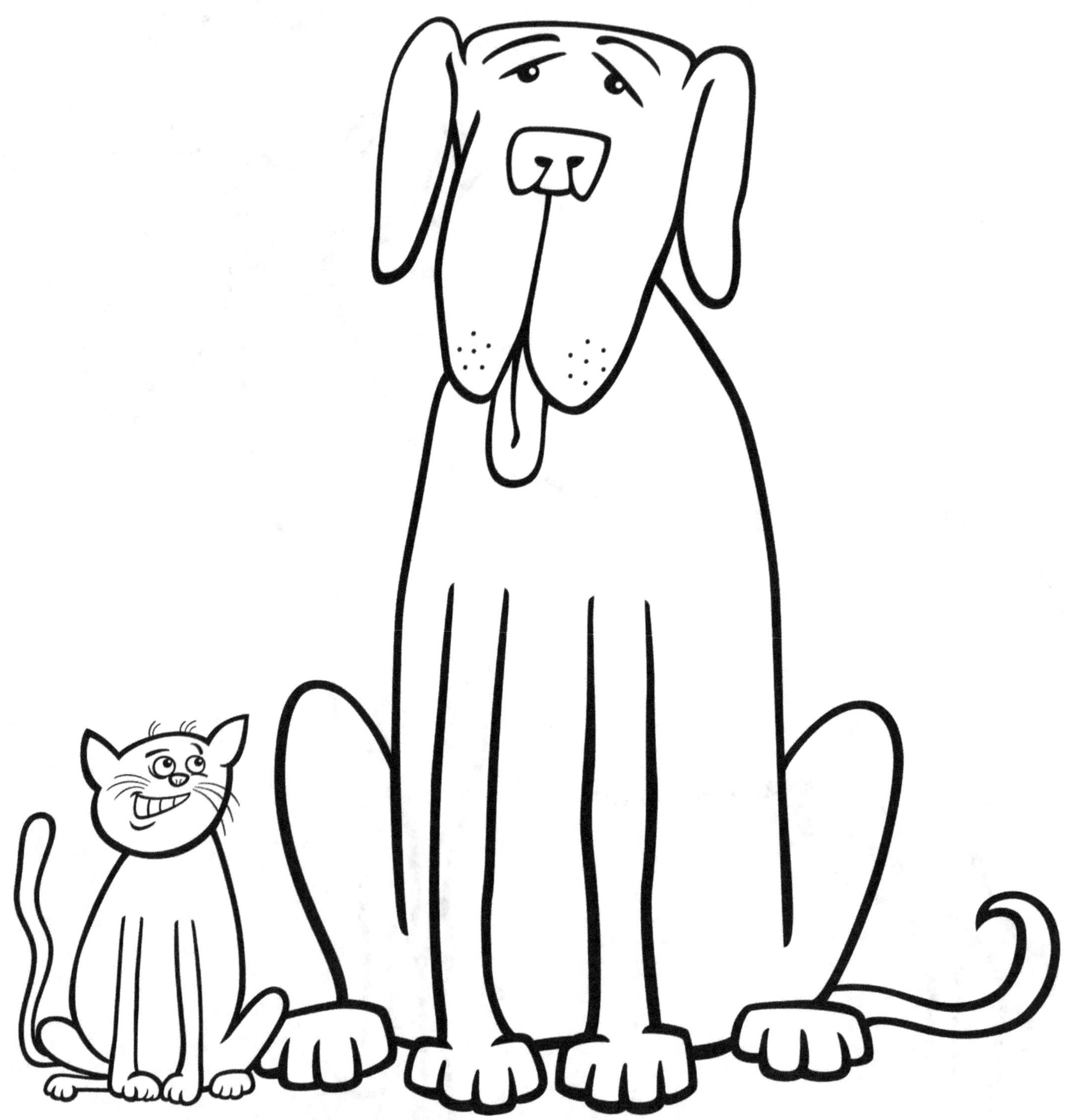

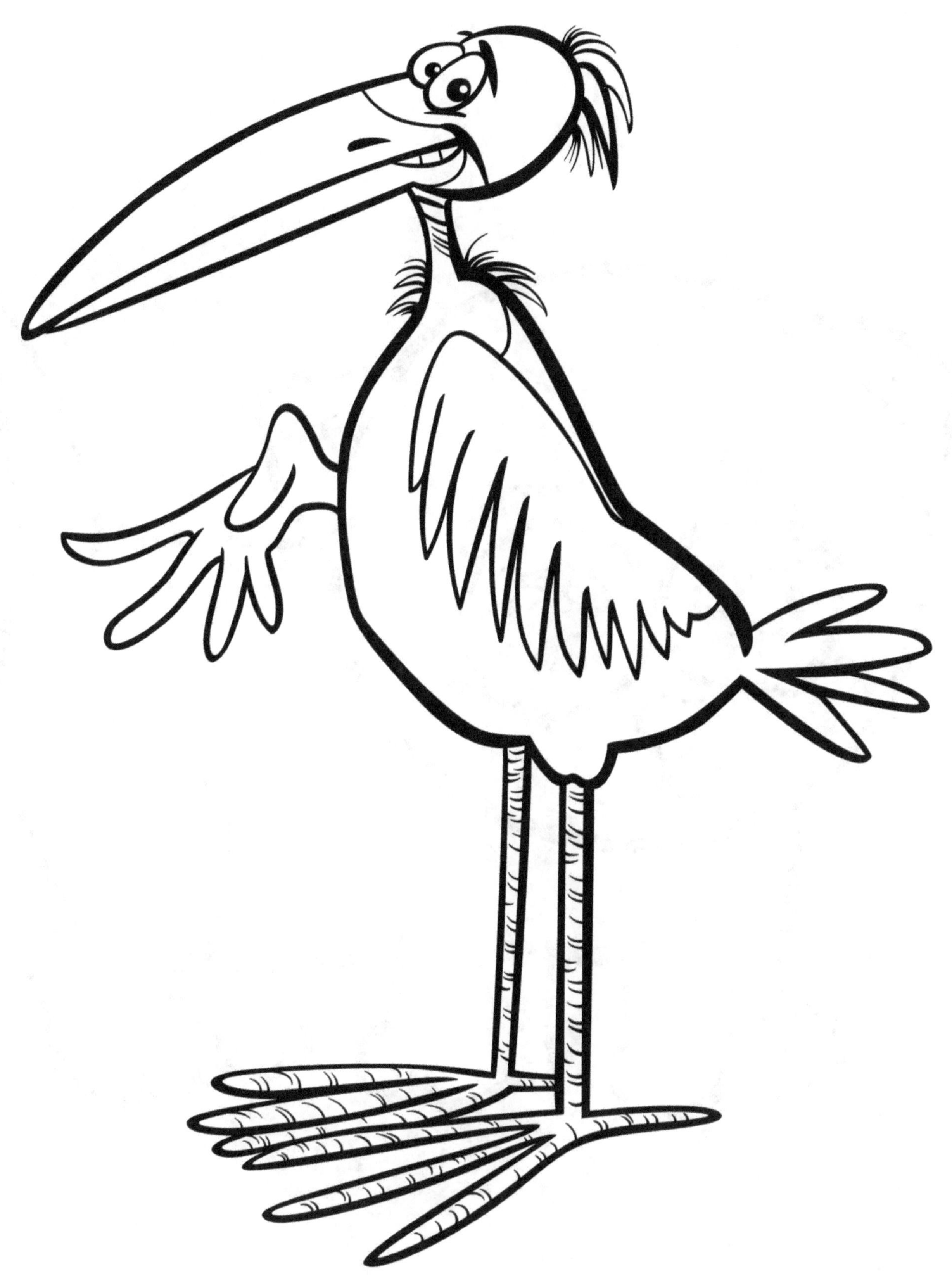

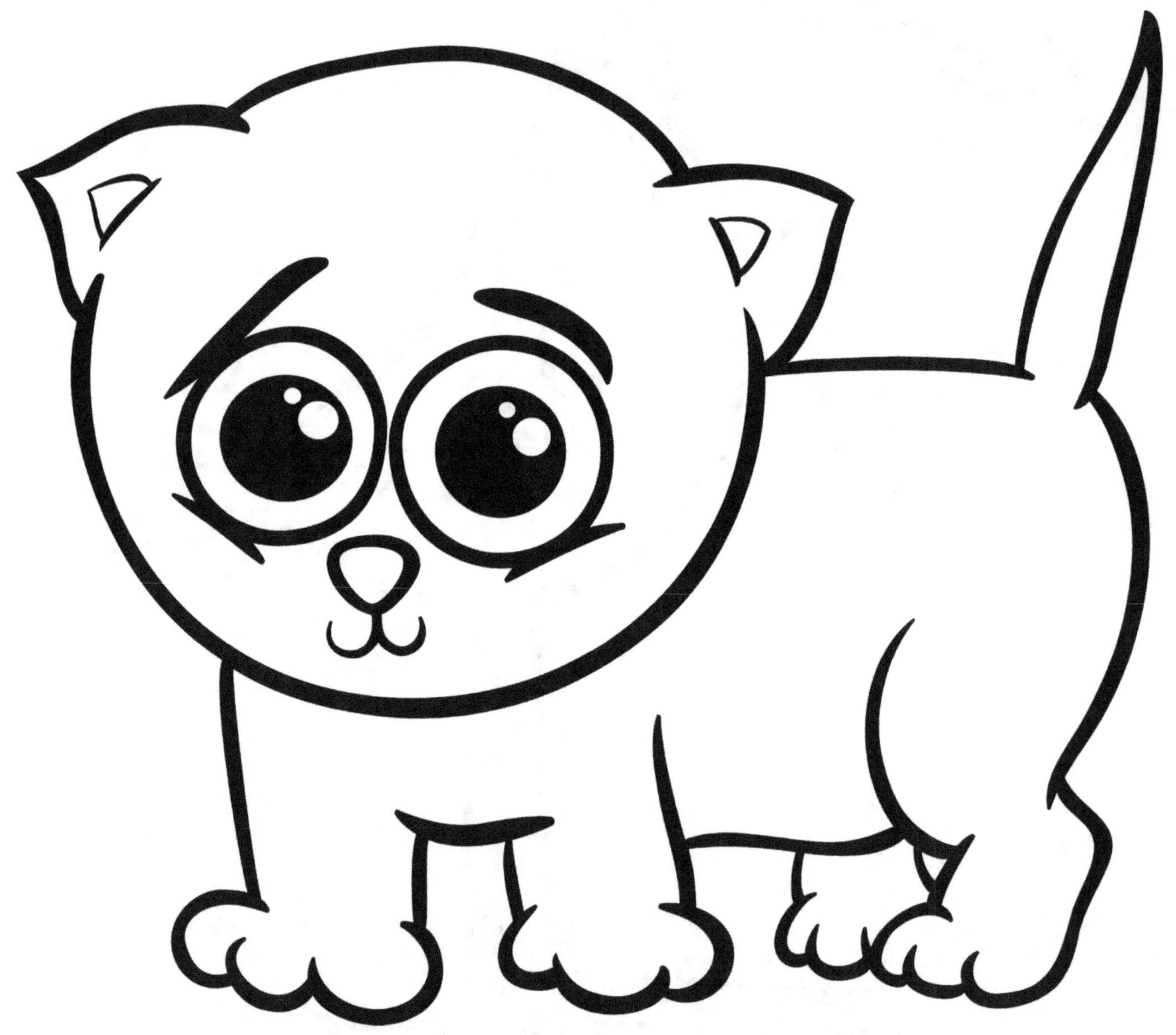

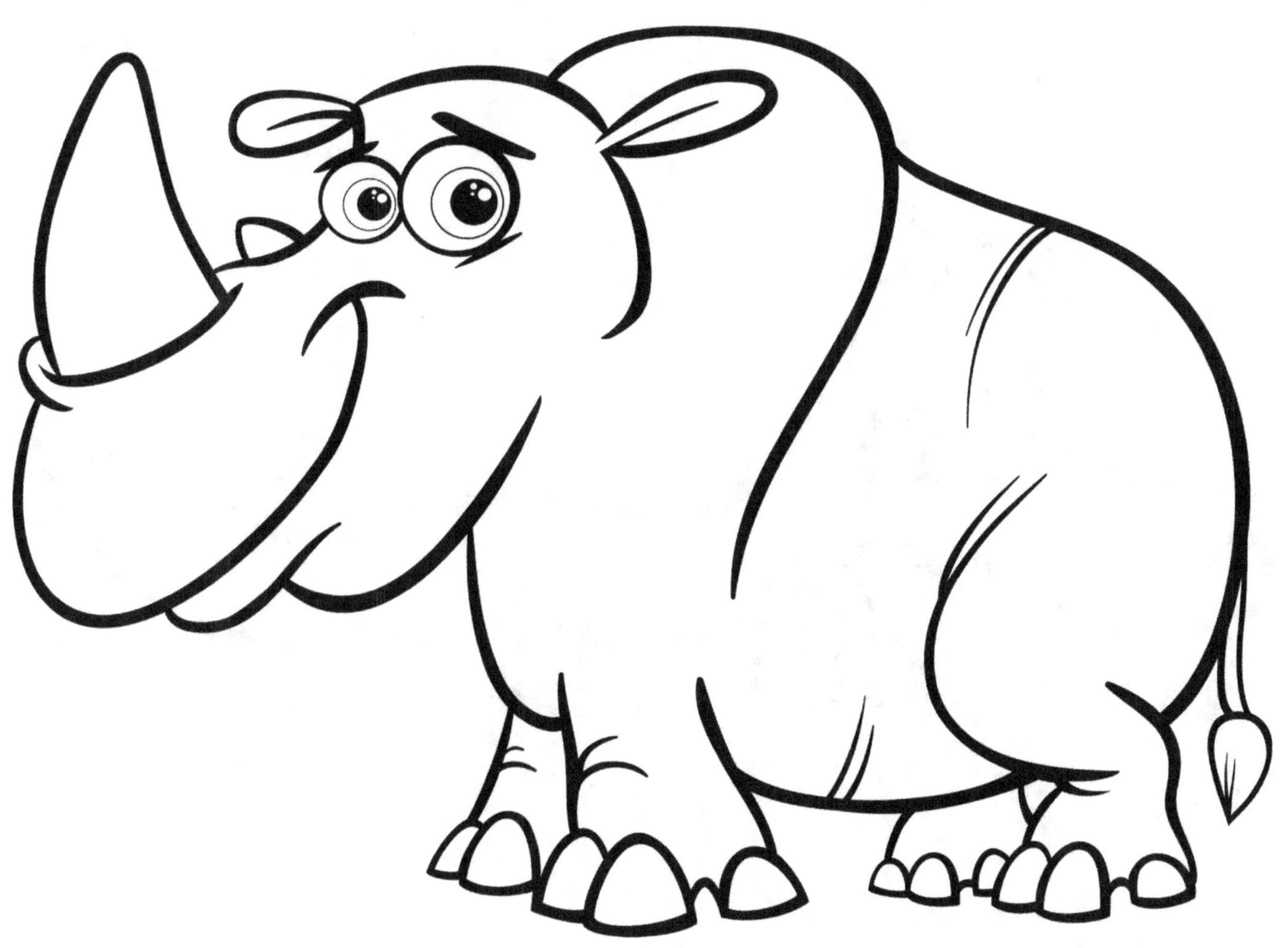

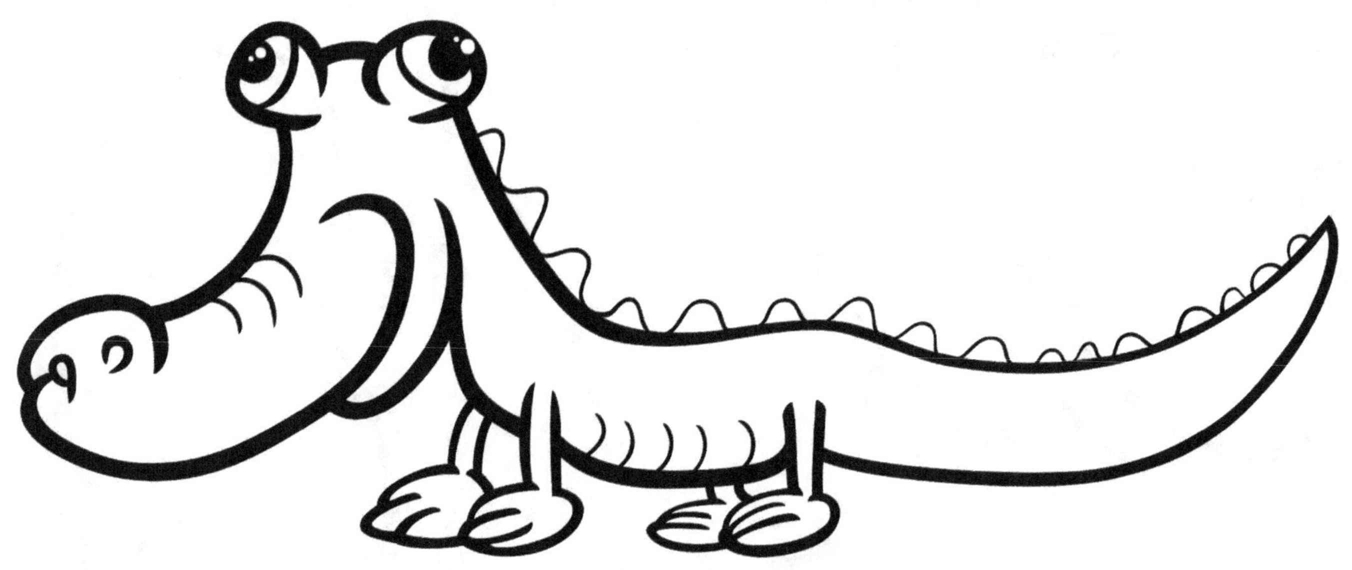

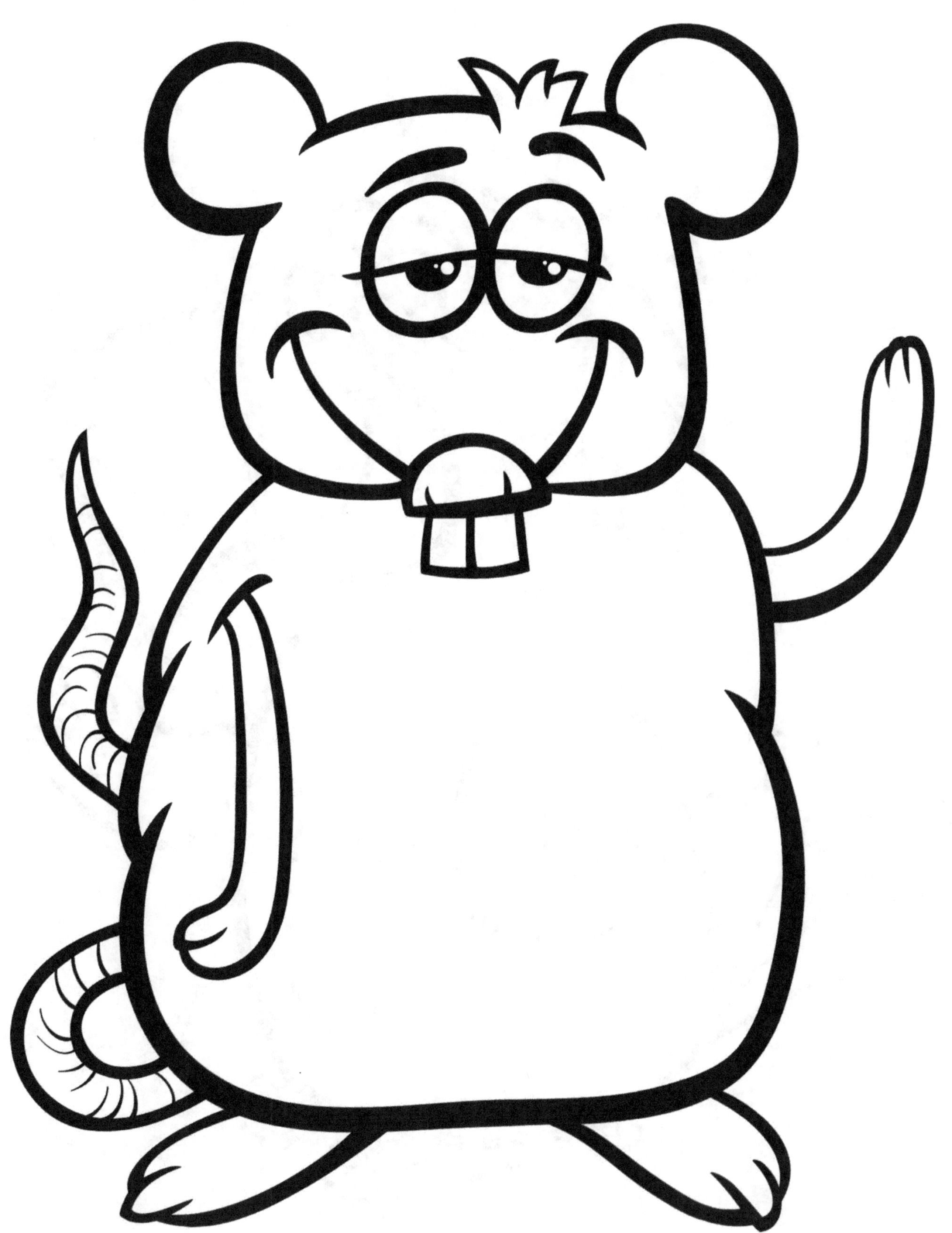

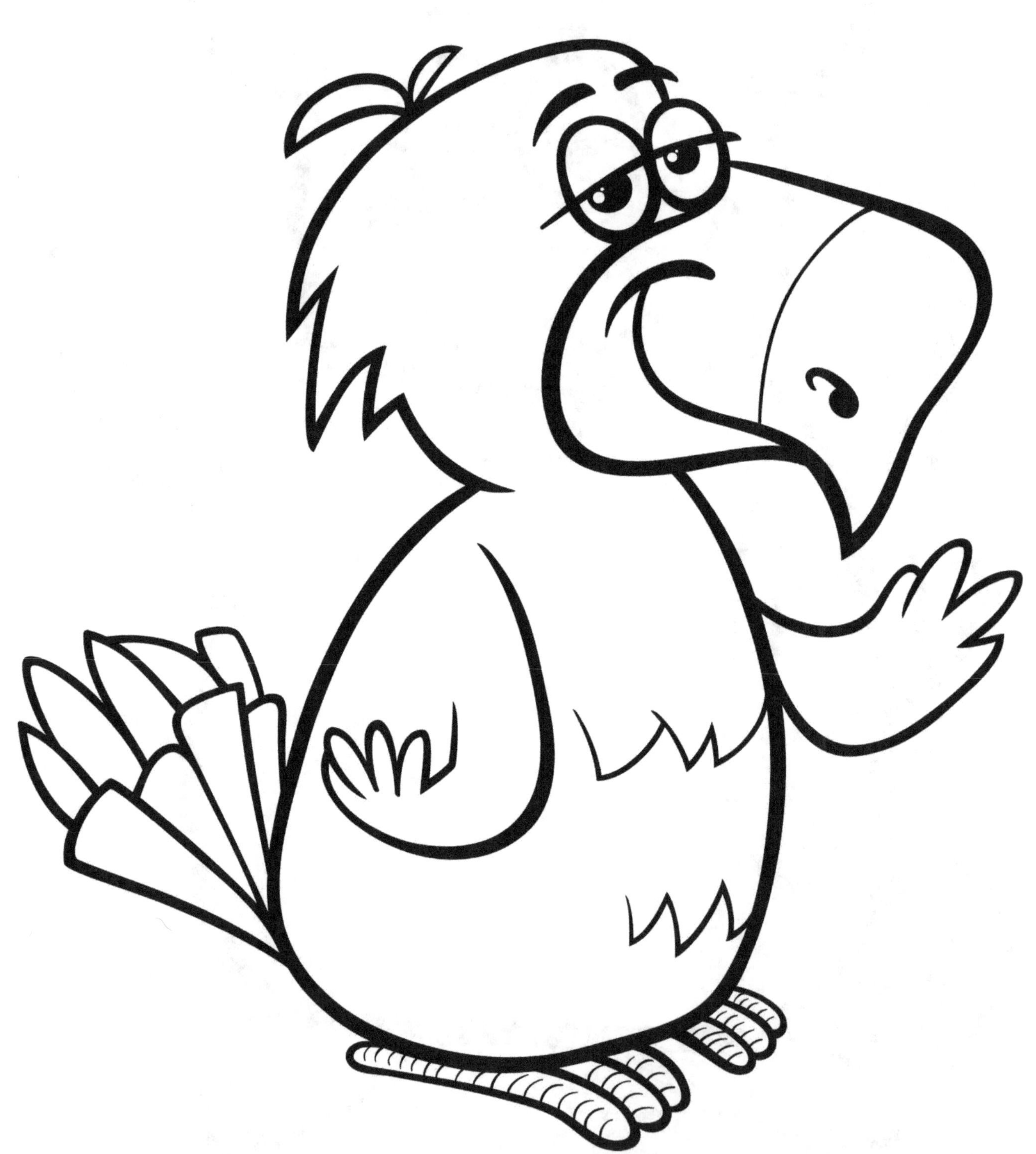

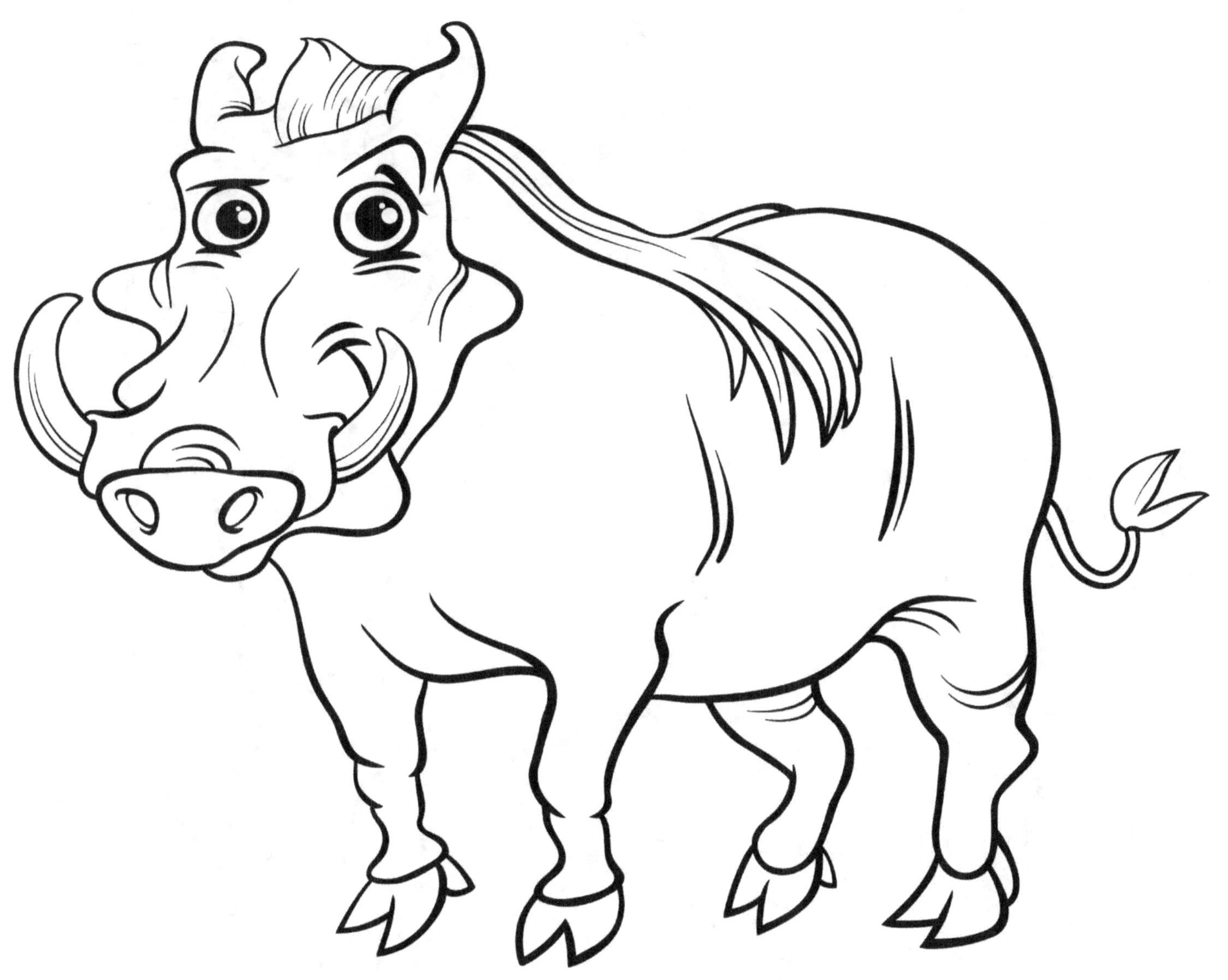

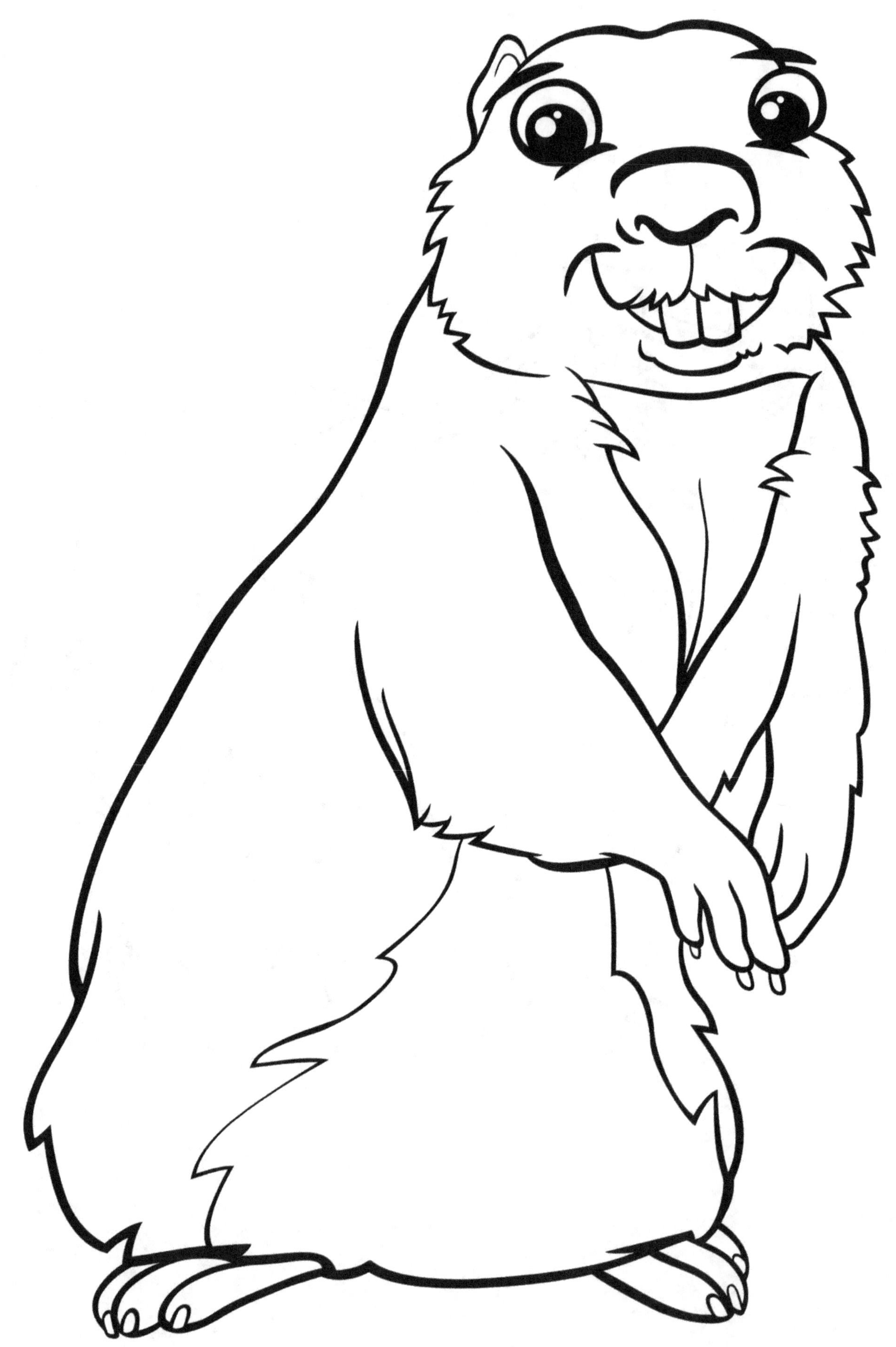

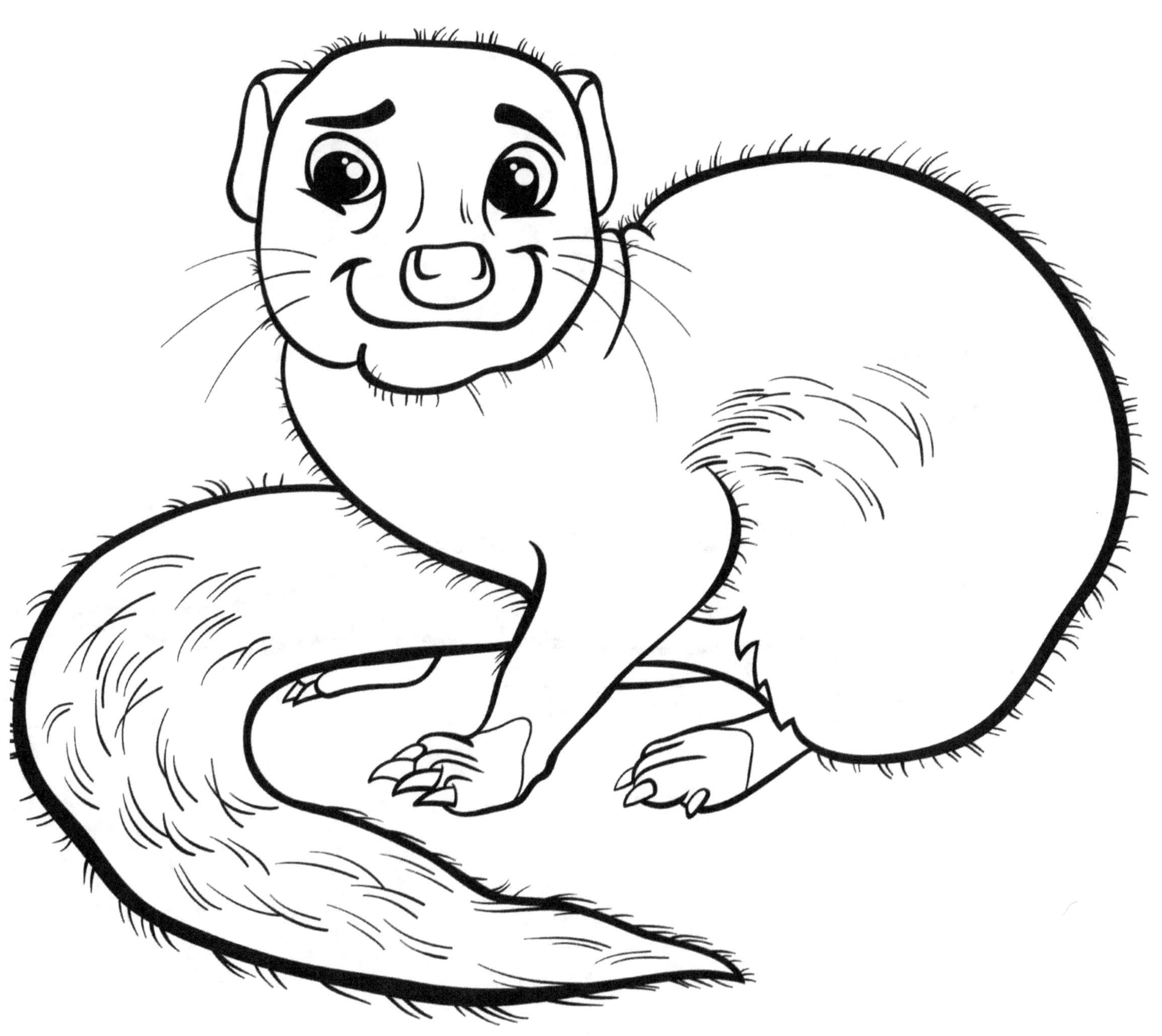

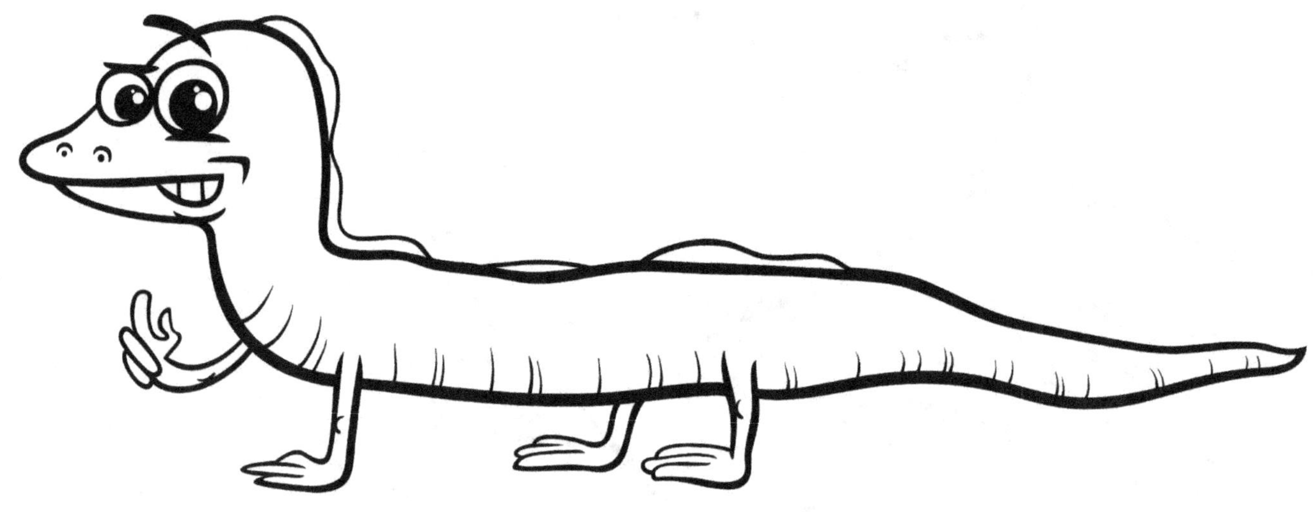

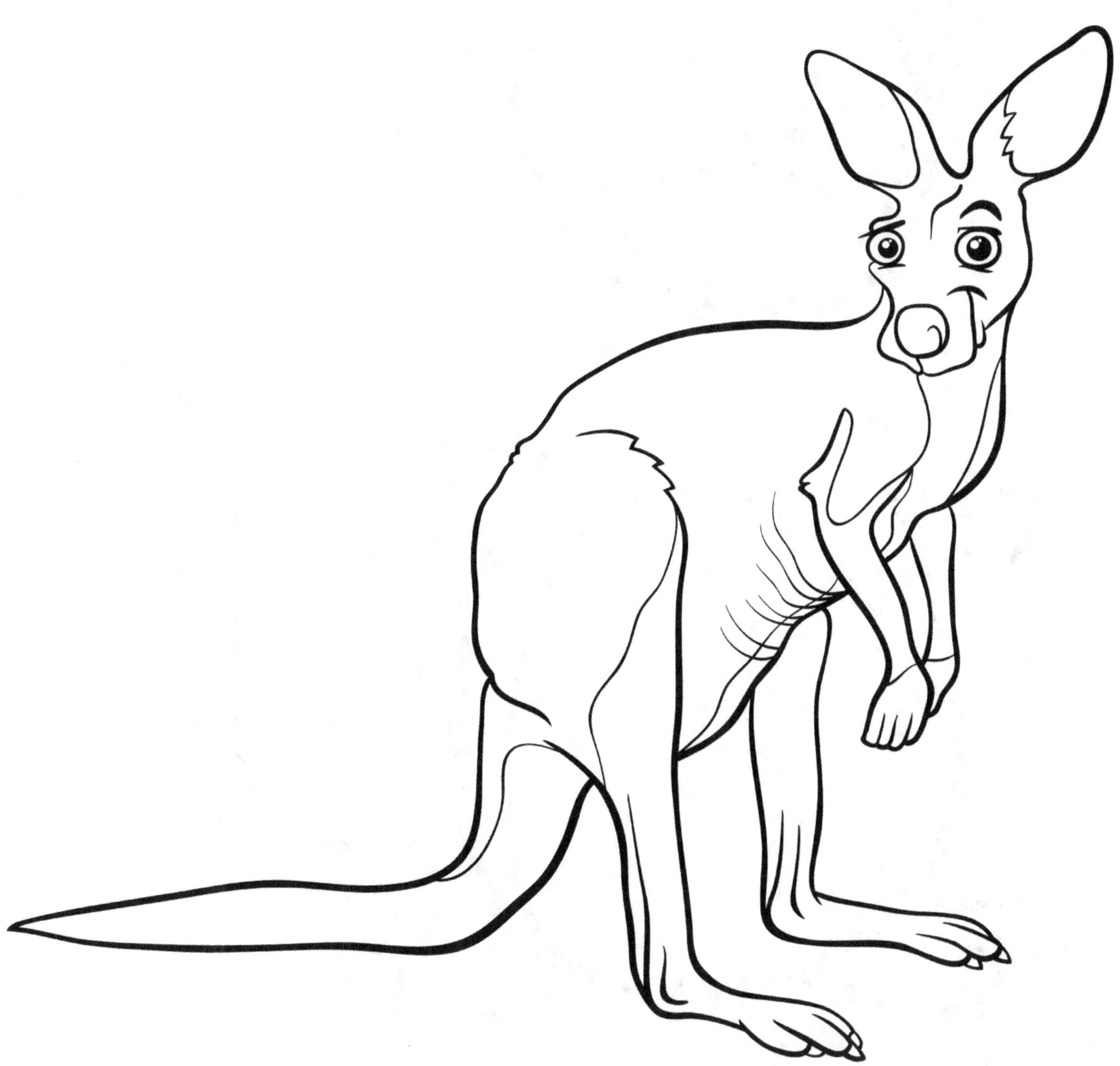

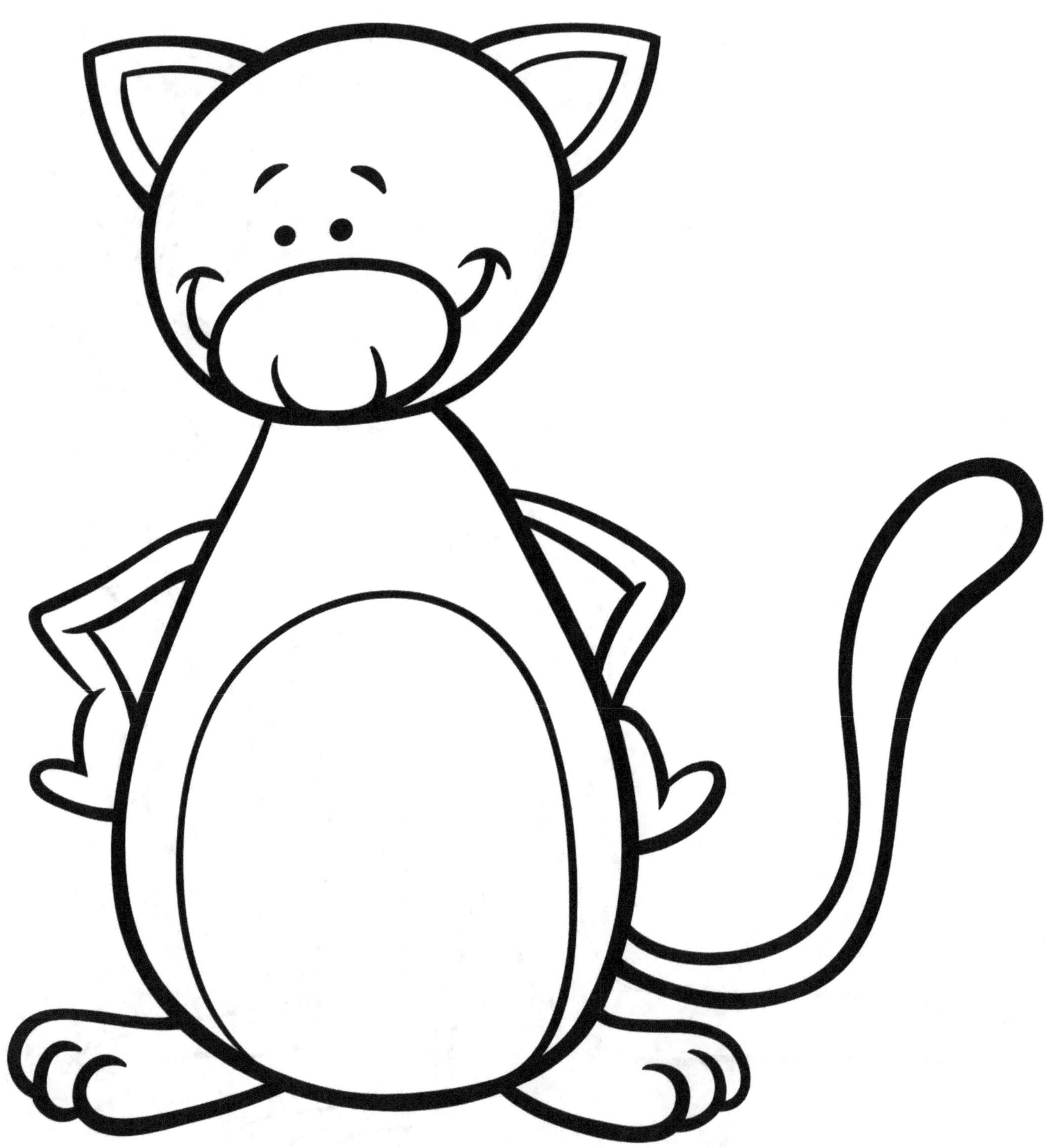

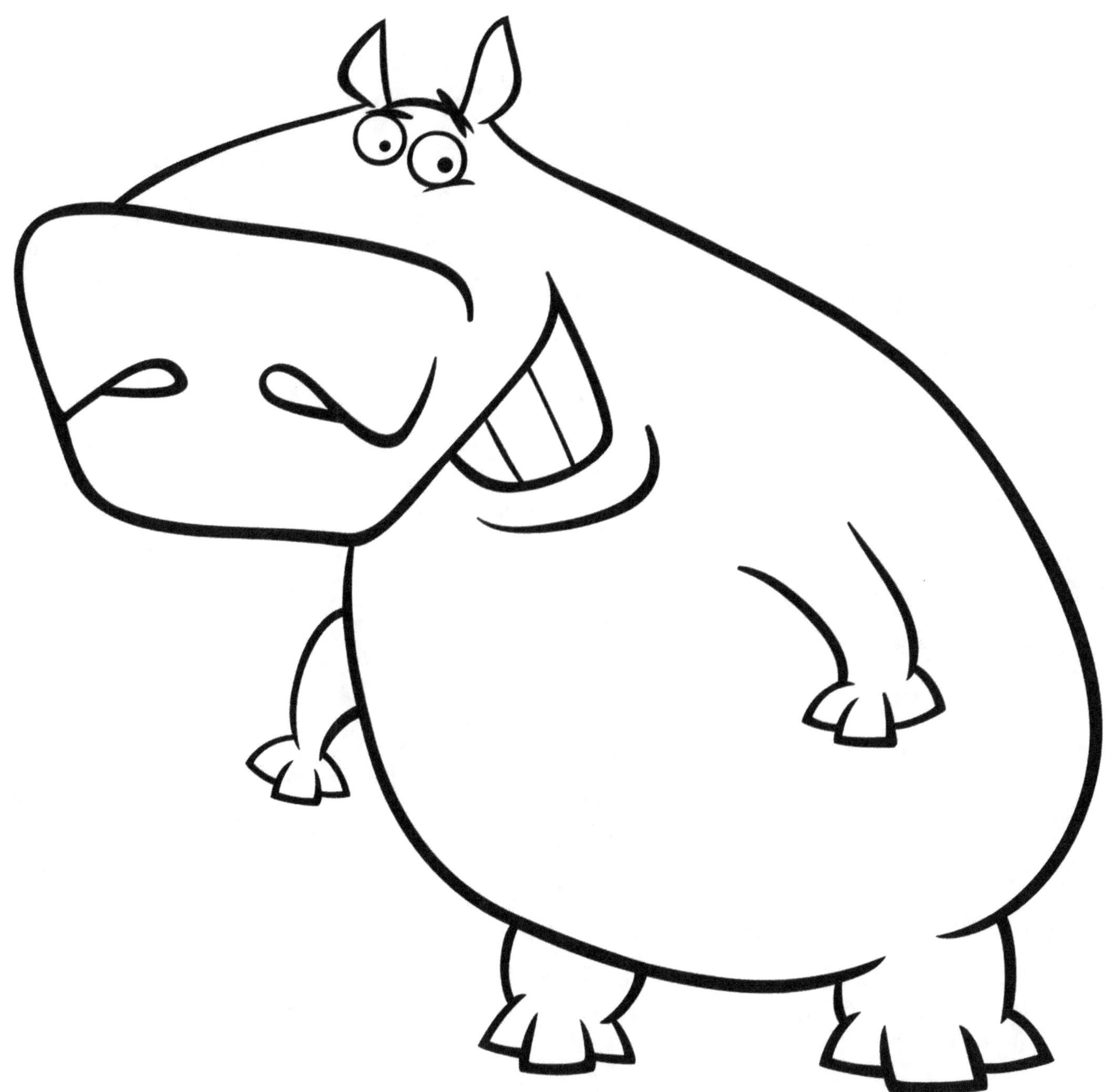

www.ingramcontent.com/pod-product-compliance
Lightning Source LLC
Chambersburg PA
CBHW080354030726
47598CB00009B/2746